AQUARIUS

AQUARIUS

AQUARIUS

AQUARIUS

Catcher

一如《麥田捕手》的主角，
我們站在危險的崖邊，
抓住每一個跑向懸崖的孩子。
Catcher，是對孩子的一生守護。

但能跟誰說？

陪伴自閉兒、亞斯兒等特殊孩子走出霸凌的傷

王意中 臨床心理師著

【推薦序】

關於霸凌，我們理解得太少，誤解卻太多

◎陳志恆（諮商心理師、暢銷作家）

特殊需求的孩子，在校園中，特別容易成為同儕霸凌的對象。

我們很容易把霸凌行為歸咎於，被霸凌者有一些不受歡迎的特質或舉動，如ADHD的衝動或挑釁、自閉症的白目或怪異、情緒障礙的暴躁易怒，或者智能障礙、學障孩子因為學習落後而成為班上的「啦啦隊」。

當然，我們更會去指責霸凌者的冷血殘暴、缺乏同理心。

然而，我們卻忽略了霸凌現象的本質，其實是團體中瀰漫著一股恐懼的氛圍。因

為，除了霸凌者和被霸凌者，霸凌情事要能形成並持續，還有一個要素，就是旁觀者的冷漠與袖手旁觀。

試想，一個孩子在網路社群中，被一位班上頗具影響力的同學發起「討厭○○○」的活動，且要求其他人不准和他來往。幾位同學跟著起鬨，在底下留言，也說起那位孩子的壞話。然而，卻沒有任何一位同學挺身而出、仗義執言，這才是最令人心寒的。

面對如此傷害人的舉動，為什麼沒人吭聲？是因為那位可憐的孩子真的如此令人討厭嗎？

不是！是大家都害怕掃到颱風尾，心裡擔心著：「要是出言制止，下一個被攻擊的對象，會不會就是我？」

當團體中的每個人，都害怕被孤立、排擠時，彷彿只要有人成了霸凌對象，其他人似乎就安全了。因此，大家當然默許霸凌的發生與持續。

身心障礙的孩子，在校園中本來就是弱勢者，也一直是被同儕霸凌的高風險族群。但令人訝異的是，當一群弱勢的孩子聚在一起，也會彼此霸凌。

我曾經在高職服務，當時便親身遇見學校裡的特教班，特殊孩子之間竟然也會大欺小、強欺弱。功能較好的對功能較差的同學長期威脅、恐嚇，其他同學們都知情，但卻沒有人去向師長反應。

過去，學校在處理霸凌事件時，常是把霸凌者找來，訓斥一頓，並加以懲處，要求其不可再犯，或與被害同學保持距離。也可能，把兩造雙方找來，要求霸凌者道歉，被霸凌者原諒，雙方演出一場握手言和、「以後還是好朋友」的戲碼。

然而，霸凌問題就此結束了嗎？

霸凌者因為被懲處而對被霸凌者更加不滿，霸凌動作轉而地下化，透過散播不實的謠言，煽動其他人，遠離被霸凌者。被霸凌者則是擔心被報復，每天活在恐懼之中。其他同學看在眼裡，敢怒不敢言，深怕下一個受害的是自己。

除此之外，有些霸凌事件的導火線是大人。例如，老師常在公開場合用不友善的口吻，嘲諷班上的特殊需求同學，或有意無意拿他們的身心缺陷開玩笑。孩子們有樣學樣，當然也不會去理解或善待班上的特教生。

若這些孩子不堪其擾，一旦情緒失控，做出激烈反擊，又會被貼上「難搞」、「難相處」的標籤。霸凌者更會拿這樣的理由，找這些同儕開刀。

霸凌事件中的霸凌者、被霸凌者和旁觀者，都需要被協助。

而大人對於身心特質與一般人較為不同的孩子，是否有足夠理解，是否能同理其在校園學習時的處境，將會是處理與協助，甚至避免霸凌事件發生的關鍵。

感謝王意中臨床心理師長期深耕特殊教育，以大量著作，向廣大父母及老師介紹特殊需求孩子的類型、樣態與協助方式；也因此，校園中有更多身心障礙的孩子，能獲得友善與適切的對待。

在《好痛，但能跟誰說？——陪伴自閉兒、亞斯兒等特殊孩子走出霸凌的傷》這本書中，他仍秉持著對特殊教育的關注，透過文字，帶領我們體會身心障礙學生遭受霸凌的處境；也提供我們更多策略，引導孩子們彼此理解、相互尊重、和平共處。

在這本書中，你可以看到，不論是過動、自閉、亞斯、選緘、妥瑞、學障、智障或資優，雖然都是校園中特殊需求的孩子，但他們的身心特質卻是如此不同，可能遭遇的霸凌樣態，也不盡相同，需要師長協助的地方，也具有其個別性。

但最重要的，是大人需要以身作則，願意去理解與尊重校園中或社會上，每一個和我們不同的人，也向孩子示範，如何與身心特質和我們迥異的人共處。

同時，我們也要鼓勵孩子發揮正義感，適時地挺身而出；讓他們知道，他們不會因為發聲被傷害，而是會被保護。

當越來越多的旁觀者不再選擇袖手旁觀時，或許有一天，霸凌事件將有機會消聲匿跡。

※**陳志恆**：諮商心理師、作家，目前為臺灣NLP學會副理事長。著有《脫癮而出不迷網》、《正向聚焦》、《擁抱刺蝟孩子》、《受傷的孩子和壞掉的大人》、《叛逆有理、獨立無罪》、《此人進廠維修中》等書，為二〇一八～二〇二一年博客來百大暢銷書作家。

【前言】

我為什麼要寫霸凌這本書？

在霸凌之下，我們全部都是輸家。無論是霸凌者、目睹霸凌者或被霸凌者，孩子們的身、心盡是傷痕。

尤其，特殊學生更不該成為被霸凌的原罪，無論是資賦優異或有身心障礙的孩子們。

但其實別說霸凌，僅僅是欺負、作弄、玩笑、揶揄、嘲諷，對於特殊學生來說，對他們所造成的負面衝擊已極具傷害性。

校園霸凌，沒有人可以置身事外。

霸凌者需要覺察、改變，重新認識與接納自己。目睹霸凌者需要勇氣，減少矛盾，擺脫道德兩難的痛苦。被霸凌者需要被同理、支持與療癒。

這些孩子們都需要你、我的陪伴，才能走出心裡的傷。

孩子不說，不表示孩子沒事。當孩子被霸凌，他們很難對父母、老師說出口。而對於特殊需求孩子來說，他們更是很難用言語表達。

《好痛，但能跟誰說？——陪伴自閉兒、亞斯兒等特殊孩子走出霸凌的傷》是一本關於特殊需求孩子在校園被霸凌時，大人該如何應對與處理的書籍。書中，針對我長期以來，在兒童青少年心理諮商與治療所接觸的案例，重新改寫，並以寫實、細膩的筆觸，與你一起走進這群受傷孩子的心靈深處。

讓我們一起陪伴自閉症、亞斯伯格症、注意力缺陷過動症、妥瑞症、選擇性緘默症、學習障礙、智能障礙、資賦優異等特殊需求孩子，走出殘酷、無情的霸凌風暴。

霸凌，不是孩子成長必要的生命經驗。沒有人有任何權力可以霸凌任何人，也沒有人有任何義務必須要遭受霸凌。

我們不能再視若無睹、冷眼旁觀，否則這些孩子們將被推向一場又一場殘酷、痛苦、折磨的無盡深淵裡。

期待這本書，讓孩子們擺脫霸凌的糾纏，並積極達到預防霸凌的作用，讓特殊需求孩子們能夠順利融入每一個友善校園裡。

目錄

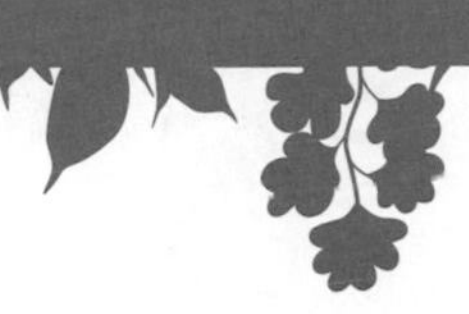

第二章 陪伴過動兒、妥瑞兒走出霸凌的傷

目錄

第四章
陪伴智障兒、資優兒走出霸凌的傷

第一章
陪伴自閉兒、亞斯兒走出霸凌的傷

【自閉兒】

自以為好玩的遊戲

──無心的霸凌，算是霸凌嗎？

「大家趕快騎到他的背上！」元元帶著痛苦的表情，臉上很勉強地擠出笑容。「疊上去，疊上去！」俊吉大聲叫囂，同學們紛紛騎到元元背上。

元元似哭又笑，口中不時發出無人知曉的亂語。

嘉博這時刻意捏了元元手臂一把，元元叫著：「好痛，好痛。」惹得一群人哈哈大笑，元元也跟著笑了起來，反覆說著：「好痛，好痛。」

如同花生粉黏在麻糬上，同學們一起滾動啊滾動，玩得非常開心。卻沒有人管，被當作麻糬的元元內心是多麼難受。

這種戲碼不時在下課時上演著。

由於元元沒有明顯地反抗，大家很自然地以為他也喜歡這樣玩。當下，元元也看似歡樂地身處其中，但當同學們如花生粉散開後，元元不時喃喃自語，並揮動自己的手指頭。

「他又在發病了，自以為是蝴蝶啊！在那邊飛呀飛。」

「對嘛，完全聽不清楚他嘴巴在講什麼，難道他真的是從外星球來的嗎？」

「可能喔，老師說過自閉兒都是來自遙遠的星球，就像外星人一樣。」

甚至，有同學在旁邊放聲大叫：「啊……啊……」這讓聽覺敏感的元元更加痛苦。

回到家，元元的情緒仍持續激動。他不時尖叫，拍打雙耳，咬著手臂，還說：「痛痛，痛痛……」元元的爸媽感到十分困惑。

「元元到底怎麼了？」爸媽仔細地檢視孩子的身體，只見手臂上有輕微的揑傷，但他們心裡想，這應該是元元自我刺激的結果，而不以為意。

但是元元的情緒仍然狂躁，這種狀態持續了好長一段時間。

「元元到底怎麼了？」受限於自閉兒口語表達的限制，元元爸媽一時也很難猜測出孩子的情況。

同學們自以為好玩的遊戲，對於自閉兒元元來說，卻是一場又一場無盡的霸凌。

【陪伴孩子走出霸凌的傷】

無心的霸凌，算是霸凌嗎？

「老師，我們只是在和他一起玩啊！你不是說要我們多和元元一起玩遊戲？大家一起玩得很開心啊！」

「元元也沒有說不要玩，他一直都笑嘻嘻的，不然你問其他人，對不對？」俊吉說完，轉頭望著其他的小朋友，所有人都點頭。

老師頓時陷入困惑，孩子們到底是在玩遊戲，還是在霸凌自閉兒？**研判的重點在於當中的界限，以及孩子起心動念，玩這場遊戲的核心目的以及用意。**

在打鬧與霸凌之間，別越界

到底孩子們是在玩、打鬧、打架，或是霸凌？

關鍵在於，在過程中，一方並沒有想要傷害對方的意圖。想玩就參與，若覺得無趣了，也可以離開，停止遊戲。沒有人能強制你參加，而在遊戲結束後，大家依然還是朋友，下次也還是會玩在一起。

玩、打鬧並不會對其中一方，帶來心理或生理上的傷害與害怕。但若是打架，那是彼此之間互看不順眼，你打我，我揍你，你踢我，我踹你，彼此產生肢體的衝突。那麼，兩造雙方都必須要承擔責任。

校園霸凌的法規定義

至於霸凌的法規定義，我們可以參考《校園霸凌防制準則》第一章第3條第1項第四款對於霸凌的定義。

霸凌：指個人或集體持續以言語、文字、圖畫、符號、肢體動作、電子通訊、網際網路或其他方式，直接或間接對他人故意為貶抑、排擠、欺負、騷擾或戲弄等行為，使他人處於具有敵意或不友善環境，產生精神上、生理上或財產上之損害，或影響正常學習活動之進行。

前項第四款之霸凌，構成性別平等教育法第2條第五款所稱性霸凌者，依該法規定處理。

當中的關鍵字：持續、故意、不友善、損害。可以作為判斷的依據。

花生粉黏麻糬的思考

抛出問題：

- 如果這場花生粉黏麻糬遊戲那麼好玩，那麼是由誰來決定誰當麻糬？
- 為什麼一直是讓自閉兒當麻糬？
- 為什麼花生粉與麻糬的角色沒有輪流？
- 你們是否有問過自閉兒的意願？
- 你們是否曾經想過，這樣的舉動，對方是否願意接受？
- 當你們覺得好玩，請想想看，到底哪一點好玩，好玩在哪裡？是你好玩，還是誰好玩？
- 是否有考慮過被迫當麻糬的人的感受？
- 是否有考慮過自閉兒的特殊身心特質，對於被碰觸、過度親近時心裡的不舒服？

好玩，不能一廂情願，特別是對於被欺負的自閉兒來說，這一點都不好玩。**讓霸凌者多一些思考。如果沒有覺察自己的所作所為，霸凌孩子的行為就不會有任何改變**。

體貼的玩法

引導霸凌孩子學習與自閉兒的適當玩法，可以優先選擇適合自閉兒玩的內容。自閉兒家長與老師可以提供這些遊戲清單，讓同學們可以有所遵循。

以自閉兒所熟悉的事物為主，例如他喜歡玩球，同學們就可以和他丟接球。如果自閉兒喜歡堆疊積木，大家可以圍過來一起堆積木。如果自閉兒喜歡追逐，那麼彼此可以跑來跑去地追逐。

在遊戲過程中，一切以安全、不任意碰觸為原則。

同學們需要了解自閉兒不喜歡被碰觸。如果真的要玩鬼抓人、警察抓小偷等遊戲而需要碰觸，也請輕輕點到為止。

別讓自己尷尬

介入之前，班級導師得先充分理解自閉症的特質，並懂得如何與自閉兒相處。否則當你告知小朋友，要求他們和自閉兒一起玩，同學們很容易直接對你說：「老師，你先玩一次給我們看，示範給我們看。」當老師沒有辦法順利與自閉兒互動，這時就尷尬，沒戲唱了。

與自閉兒玩遊戲並不容易，這部分可以委請資源班老師協助導師、一般同學與自閉兒互動。

挺身而出

當同學們在玩花生粉黏麻糬遊戲時，是否有哪一個同學願意站出來，挺身而出，大聲疾呼：「同學們，你們不要這樣玩，這讓元元不舒服！」

如果沒有同學站出來，是不願意站出來，還是不敢站出來？還是根本不覺得這樣玩有什麼問題？

要勇敢說出來，很不容易。這一點，對於目睹霸凌的孩子來說，需要十足的勇氣，**也**

需要有大人的支持。因為誰都不想讓自己成為下一個被霸凌的人。

同理矛盾與焦慮

對於目睹霸凌的孩子來講，他的心裡充滿矛盾與焦慮，說出來不是，不說出來也不是。

說出來，很容易遭受惡意的對待。但不說出來，在道德、價值觀上，卻又過意不去。這種兩難，讓目睹霸凌的孩子感到很痛苦。

冷漠的距離，明智之舉？

想一想，如果你是爸媽，當孩子告訴你：「班上的同學都在欺負自閉兒，我該怎麼辦？」你會怎麼給孩子建議。

請別出現以下的回應：

「別雞婆，這不關你的事情。」

「你不要好管閒事，免得自己也被欺負。」

「你們老師會處理的。」
「對方家長會處理的。」
「其他同學知道，會去跟老師說的。」
「老師都不管了。你還管那麼多？」
「他們是在玩啦。你不要管那麼多。」
以上這些話，都是告訴孩子，要他與眼前這件事情保持一個冷漠的距離，才是明智之舉。
但是，當目睹霸凌的孩子選擇袖手旁觀時，霸凌者可能也會若無其事地繼續霸凌。

誰都不能置身於事外

遏止霸凌絕對不是單一個人的責任。在班級裡，導師必須讓全班的同學知道，學校也必須讓全校的同學知道。**預防霸凌是所有人的責任，並不是誰看見，就是誰的責任。**
誰都不能置身事外，因為我們都可能成為下一個被霸凌的人。
每個人都需要有這樣的態度，才能保護我們身旁相對弱勢的人。

一致的做法

最好的方式，是**讓所有的孩子們了解，當面對眼前的霸凌事件，大家可以採取一致的做法，例如大聲喝斥，居中介入，並立即告訴老師，讓霸凌者知難而退。**

當一個班級有兩個同學以上願意同時這麼做時，我相信目睹霸凌的孩子就會多了加倍的勇氣，這同時也能降低自己被霸凌的風險。

不敢說出的祕密

問問孩子們，為什麼在目睹霸凌之後，自己不敢當眾說出來，或是向老師報告？心裡有什麼顧慮。

其實孩子們會有這些不敢說出的祕密，也正在告訴我們，大人在處理霸凌事件上過於粗糙，讓目睹霸凌的孩子深受威脅。

如果這些威脅沒有被移除，我們只是一廂情願，或是理想性地要求目睹霸凌的孩子必須挺身而出。說真的，這麼做，只會為難了孩子。

讓目睹霸凌的孩子免於威脅，我們準備好了嗎？

保護個資，降低風險

如何讓目睹霸凌者能夠在感受到安全的情況下，願意選擇告訴老師？老師有義務保護告知者的個案資料，避免讓他成為下一個被霸凌的對象。

在處理上，**避免將目睹霸凌孩子的資料告訴霸凌者**，例如：「俊吉，美茹看到你叫大家趕快騎到元元的背上！這到底是怎麼一回事？」這麼粗糙的做法，只會造成美茹成為同學們接下來鎖定的對象。

別讓目睹霸凌的孩子承擔這些威脅、風險。在處理上，我們必須把這些風險降到最低。

【自閉兒】

世界末日的恐慌

——感同身受，未曾發生

咚咚咚、咚咚咚、咚咚咚……思奇蹲在廁所裡，全身發抖。廁所的門被強烈地敲著，但他壓抑自己，不敢發出任何聲音。

咚咚咚，「有沒有人！」咚咚咚。「誰在裡面？是掉進糞坑裡了是不是?!」咚咚咚、咚咚咚、咚咚咚。

思奇不知道外面這些人這麼用力地敲門，到底是要做什麼。這些聲音讓他感到心慌。

「老大，既然裡面沒有人，我們乾脆拿水潑下去好了！」

「不然，我爬上去看？」

「幹麼這麼麻煩，蹲下去一間一間瞧，不就知道了？」

「幹！撇個條還要排隊啊？裡面的人，是睡著了，是不是？」

「老大，別跟他囉唆啦。我們把水潑下去，不然就用力撞門吧！」

砰！砰！砰！砰！單薄的門板，被同學們這樣一撞，露出了門縫。思奇咬緊雙唇，不敢發出任何聲響，全身發抖。

「老大，水來了！」話一說完，小銳就朝著廁所上方，將水用力潑下去。

門外同學們一陣又一陣狂笑，「再來一桶啦！」「加碼，加碼！」

思奇緊閉雙眼，全身濕透。對思奇來說，他只能期待上課鐘聲趕快響起。

自閉兒思奇躲在廁所裡。他的兩隻手摀著耳朵，害怕地壓低音量，喃喃自語。

【陪伴孩子走出霸凌的傷】

世界末日的恐慌

當同學們這樣惡劣的舉動讓自閉兒害怕地愣在現場，你能想像這些孩子內心裡到底慌亂到什麼程度，你可以感受到他的恐懼、害怕嗎？

無論是用力且急促的敲門聲、冷言冷語的嘲諷聲，或把整桶水淋下去，當這一切的感官刺激全部交織在一起時，對於自閉兒思奇來說，簡直就是世界末日的恐慌，這真的是情何以堪！

請讓霸凌孩子了解，選擇欺負自閉兒很容易，但如果可以與自閉症同學好好相處，那才是真的厲害。

無止境的痛苦迴圈

當自閉兒被特定的同學霸凌，經歷極端的負面情緒經驗。自閉兒的思考固著，像迴圈一樣，他們會不時在這些不愉快的經驗中，迴轉啊迴轉，無法跳脫，痛苦難耐。

我們可以清楚地向霸凌同學抛出自己的疑問：「老師很納悶，當思奇看到你們時，他的情緒變得很激動，這一點，和他看到其他人時很明顯不一樣。我在想，他要傳達什麼訊息。」

殘酷的空間

自閉兒對於聲音很敏感，雖然在遭受霸凌當下，沒有目睹是哪些同學作弄他，但當時同學們的說話聲，不絕於耳，都歷歷刻劃在自閉兒的腦海裡，久久揮之不去。

當這些惡夢般的聲音，無時無刻都在自閉兒的身旁出現時，就**很容易誘發自閉兒強烈的情緒行為和反應**。浮躁、自言自語、歇斯底里、自我刺激、不時打頭、晃動身體、走來走去、放聲尖叫……

情感表達的限制

有時，自閉兒在表達上斷斷續續、零散，時間跳來跳去。他們無法明確地進行陳述，或常切入不相關的話題，這些往往讓老師質疑自閉兒是否亂講話，是否編織謊言，扭曲事實，而將霸凌事件擱置，納入黑數中。

我們期待當孩子遭受霸凌時，他們可以勇敢說出來，但自閉兒受限於不善於溝通、表達，他們在情感表達上，有異於他人的困境，所以要讓自閉兒清楚地說出遭受霸凌的經驗、歷程、心裡的感受，實在是難上加難。

將情境演示出來

別急著問原因，**先安撫以及緩和自閉兒的情緒**。待孩子情緒穩定之後，再選擇適當時間，**以孩子過往適合的溝通方式或媒介，例如以小玩偶、布偶進行扮演，讓大人與自閉兒一起將霸凌過程的情境演示出來**。

例如：

師：「小兔子在上廁所，有聽見什麼聲音啊？」

生：「咚咚咚，敲門。就這樣，咚咚咚，咚咚咚。」

師：「聽到這些聲音，小兔子的心情是怎樣啊？」

生：「怕怕，咚咚咚，怕怕。小兔子在廁所裡害怕。」

師：「聽到敲門聲，讓小兔子感到害怕？」

生：「敲門，小兔子害怕，怕怕。」

試著同理自閉兒的感受，幫孩子把心裡的話引導出來。

自閉兒在對話過程中，很容易出現激動情緒。他們會重複地說，越說越激動，甚至邊說邊出現自我刺激行為，不斷地擺動雙手，或打頭、撞頭、咬手臂等自我傷害。當下適時地安撫，輕輕拍、擁抱，讓這些孩子的情緒先緩和下來，之後再採取轉移的方式，不疾不徐，讓他們的情緒慢慢緩和。

轉移的內容，以父母及老師對孩子的了解為原則；**平時可以先將自閉兒接觸後，情緒比較容易轉移的物品列成清單**。

無傷大雅，痛苦大事

每個人對於敏感的事情不盡相同，我們需要尊重每個人獨特的感受。有時對於絕大多數的人來講，無傷大雅、微不足道的小事，但對敏感的自閉兒來說，卻是一件痛苦的大事。

引導孩子們想一想，對於身旁的自閉兒，他們可以如何協助，他們可以對自閉兒做出哪些友善的互動。為什麼有些人可以善意地對待自閉兒，自己卻做不到呢？這當中的差異是在告訴我們什麼訊息呢？

感同身受，未曾發生

有些孩子沒有辦法同理，他們無法了解自己的所作所為對於別人所造成的影響。

為了讓同學們學習感同身受，我建議可以從YouTube上找出相關影片，來一場體驗課程。

例如熊刮樹皮、牙科診所洗牙、外面工地施工的鑽牆聲音，面對這些讓你感到渾身不自在的聲音，你可以耐得住多久？

當影片一播放，請說出來、寫出來、表達出你的感受。

「喔，天啊！馬上給我關掉！」

「把那聲音關掉，這聲音好吵，我不想聽到這些聲音。」

「不要再弄了，讓我渾身不舒服，聽了起雞皮疙瘩。」

「這聲音真的讓人煩躁、焦慮，讓我想要奪門而出，想要離開。」

當你說出來了，至少你宣洩，你表達了，周圍的人就有機會了解你，你到底在想什麼，你發生了什麼事。

但自閉症孩子沒辦法，沒有人了解他到底怎麼了。他只能把這些不適壓抑下來，持續接受這些不舒服的發生。

不只是聲音，自閉症孩子對於觸覺，也是非常地敏感。讓同學們想想，自己不喜歡碰觸到的東西。

例如伸手觸碰毛茸茸的物品、毛毛蟲或黏答答的彈力球，有些人會覺得很噁心，覺得渾身不自在，而黏答答的彈力球更像口水、鼻涕，讓人很不舒服。

你是否想過，自己可以表達出來，但自閉症同學卻說不出來？如果我們一直無法感同身受，是我們理解不夠，還是不願意敞開內心去了解對方？

關鍵的非語言呈現

引導一般同學了解自閉兒的情感表達方式，除了有限的口語表達之外，自閉兒關鍵的非語言呈現，也有必要讓同學們知道。

例如當自閉兒不斷地拍打耳朵、口中喃喃自語、尖叫、來回走動、擺動雙手、搖晃身體、咬手、打頭、轉圈圈……這些訊息都在在告訴我們，在當下，自閉兒遭遇到了問題。

當自閉兒發出了警訊，我們就應該要停止當下惡意的動作。

沒有人喜歡被惡整，我相信你也絕對不會喜歡。

【自閉兒】

在惡劣與良善的岔路
——你的一念之間，決定霸凌是否發生

古靈精怪的阿銘不專心聽老師上課，老是將注意力牢牢地盯在右前方裕翔的一舉一動上。

阿銘很好奇，為什麼裕翔總是將水瓶擺在桌子的左前緣，因為很容易一個不小心，水瓶就摔在地上了。

曾經有老師將裕翔的水瓶移動了一下，裕翔就突然「啊……啊……」叫著。那一回讓阿銘嚇了一大跳，但也讓他噗哧笑了出來。

「還真有意思耶！」從此，阿銘的觀察越來越有心得。阿銘決定三不五時就來實驗，

他想像自己是魔法師，要讓裕翔叫，裕翔就叫，要讓裕翔跳，裕翔就跳。阿銘覺得這樣可以在同學面前大展身手，捕捉眾人的目光，挺有成就感。

裕翔又尖銳地「啊……啊……」叫著，只因為阿銘刻意把數學課本拿反了。

「我就跟你說嘛，把書拿顛倒，裕翔就會發出怪聲音。你看，準不準。」阿銘對自己的發現，感到洋洋得意。

「莎莎，不然你也來試試看。」莎莎半信半疑，也把自己的數學課本拿反。這時，裕翔果然如同阿銘的預期，再度尖銳地「啊……啊……」叫著。

「哇！阿銘，你真的很了解裕翔耶。」

「你才知道我的厲害！」阿銘表現出一副驕傲樣。

「我跟你說，你只要把裕翔的東西動一動，他就會像怪獸機器人一樣，大聲地尖叫。還有，還有，他還會一直轉圈圈，兩隻手像老鷹一樣展翅、拍打。不然你試試看。」阿銘又出餿主意。

阿銘與莎莎樂此不疲地捉弄著裕翔。裕翔的情緒完全處在激動、浮躁、焦慮、不安的狀態。

裕翔的這副模樣，讓班上其他同學感到害怕與反感。有些同學因而選擇迴避，與裕翔保持距離。當然，有更多人開始加入阿銘與莎莎捉弄裕翔的行列。

教室裡，不時傳來裕翔的尖叫……

【陪伴孩子走出霸凌的傷】

聰明又良善的選擇

自閉症孩子對於事物有他的偏執、固著性、既定印象，所以當事情處在自己能夠掌控的情況下，可預期性增加，會讓自閉症孩子感到安心。但當事物開始改變，縱使只是細微的改變，只要與原先預期的不同，往往就會讓自閉兒處在焦慮、不知所措、情緒激動、行為混亂，而固執、刻板、重複的自我刺激頻率，也會不斷增加。

同學們對於自閉症的觀察，往往很敏銳。同學們對自閉症的特質多一些了解，原本是一件值得肯定與嘉許的事，因為我們可以因為了解，而善待自閉兒。但令人錯愕的是，同學卻選擇了另一個方向：霸凌自閉兒。

針對自閉症的固著特質，開始玩弄起他來。就像切換神奇開關一樣，自閉兒的情緒任

自己操控。要自閉兒叫，自閉兒就叫，要自閉兒跳，自閉兒就跳。

面對惡劣與良善兩種不同的岔路，你可以有選擇。向左走，是良善之路。你因為了解自閉兒，也懂得如何與自閉兒友善地相處，這讓自閉兒感到安心，情緒平穩。向右走，是惡劣之路。你因為了解自閉兒，所以決定作弄自閉兒，這讓自閉兒感到焦慮，情緒混亂。

此刻，你就像正站在岔路口。聰明的你，應該知道如何做選擇，別讓良善離你自己遠去。

請讓霸凌孩子思考，為什麼自己總是會將自閉兒的特質、弱點、限制，作為取笑、作弄的對象？這麼做的目的到底是為什麼，好玩嗎？得意嗎？有成就感嗎？還是想證明什麼？為什麼就不能溫柔、合理、友善地對待自閉兒？

霸凌的後果

當同學們還是決定走上惡劣之路，這時就必須承受行為的後果。

無奈的是，面對後果的執行，許多老師往往會陷入一種「無論我怎麼做，怎麼處罰，也沒有作用」的無力感。

該處罰，該限制，該要求，老師認為自己已經做了這麼多，但霸凌的孩子依然沒有改變。這一點，讓老師雙手一攤，認為自己真的沒辦法了（多麼令人垂頭喪氣呀）。

行為後果的選擇，關係到我們對孩子的了解。只是在班級上，當老師面對這麼多學生時，或許也沒辦法清楚知道每個孩子所在乎、在意的事。

我建議將問題拋回給霸凌者思考，問問孩子：「針對霸凌自閉兒這件事情，你該負什麼責任，你認為老師該怎麼處理。」

孩子可能會告訴你：「隨便你，我無所謂。」這時，我們見招拆招，我們把同樣的一句話，反覆再問孩子一遍。霸凌孩子得拋出他解決問題的方式。

當孩子脫口說：「我不知道。」我會立即回應：「就是因為不知道，才要問你。」讓孩子了解，我們不急，一切慢慢來。我們會等待他的答案。

問題思考：

孩子們到底在乎、在意什麼？為什麼我們會認為給予霸凌者懲罰，孩子的霸凌行為就會減少？霸凌者會因為想要迴避這樣的懲罰，就停止他的霸凌嗎？

我很確切地知道，行為後果只是消極的作為。**真正要達到霸凌行為的停止，這些孩子需要學習友善的相處方式**。

安靜，非冷漠

面對自閉兒混亂的自我刺激行為，很容易讓班上的同學愣在當場，不知道該怎麼回應。

當自閉兒尖銳叫著，同學們如果又大聲地對自閉兒嚷嚷：「安靜啦！吵什麼吵！你給我安靜，閉嘴！」這時，對於聽覺刺激的高度敏感，讓自閉兒因為聲音的刺耳，整個情緒又再度被引爆了起來。此時，如果要讓自閉兒再回復情緒穩定，往往需要很長的一段時間。

不過，如果你保持安靜，不刺激自閉症同學，雖然看似消極，但卻是貼心的反應，也是同理的一種決定。安靜並非冷漠，而是你知道自己的冷靜，有助於讓眼前的自閉兒，情緒可以加速地緩和下來。

請相信，你的反應會決定自閉兒的反應。

千萬別起鬨、別鼓譟，這很容易讓自己成為霸凌者的幫凶，而你可能渾然不知問題的嚴重性。

全面保護機制

讓全校師生認識自閉症孩子！這能讓校園裡的同學都成為自閉兒的全面保護機制，讓自閉兒在校園裡，當有人欲欺負時，有比較多的人可能伸出援手。

當全校都認識這位自閉症孩子，這時，同學們如果還加以欺負、霸凌，那真的是搞不清情況。別忘了，全校師生都是你的監督者。

最低底線

自閉兒需要的是同理，不是同情。無論你是否幫助自閉兒，至少最低的底線就是不能夠欺負他。

多一個人了解自閉兒，就能減少這些孩子被欺負的機會。讓同學們以友善對待特殊兒，這是讓人感到自傲的一件事，但同時也是自然而然的事。

試著**發掘自閉兒的亮點**，例如孩子善於畫畫、彈琴、田徑、打鼓、組裝樂高等，讓這些優勢能力被看見。

讓一般同學認識自閉兒，不再僅侷限於自閉兒的限制、缺陷、弱點。自閉兒可能擁有一般同學無法具備的能力。

在校內，讓自閉症孩子可以與其他同學形成特定的團體，例如演唱的樂團、樂器合奏的樂團。**當有共同的興趣時，友善的保護機制將更加牢固**。

戲曲總動員

新加坡電影《戲曲總動員》（The Wayang Kids，二〇一八）是一部描述如何接納自閉症兒童，並讓孩子融入團體的影片，很適合提供給班上同學作為了解自閉兒的管道。

在許多關於特殊兒童或成人的電影裡，我們都可以看到有一兩位，扮演了接納當事人的角色（例如《戲曲總動員》電影中的小女孩寶兒接納了自閉男孩歐本）。而在現實生活中，我們是否也能如此，接受眼前不一樣的孩子？

自閉症孩子常常無法在第一時間清楚地表達自己的想法，他們也不是那麼容易了解他人的訊息。然而，這並不代表，自閉症孩子不願意去溝通，不願意去理解。

● 老師如何察覺孩子被霸凌？

雖然孩子在教室裡，不是那麼容易開口說出自己的遭遇。
但仔細留意，孩子的眼神、表情、肢體動作，
在在地傳達著求救的訊息。

這些訊息或許對老師來說很微弱，但請試著敏銳觀察。

當自閉症孩子的眼神不看你，不和你說話，不跟你學習，我們往往認為這些孩子拒絕溝通，但本質卻不一定是如此。

事實上，自閉兒很努力，他們試著以他們的方式和這個世界互動。

幸福剛剛好

・美國電影《幸福剛剛好》（Music，二〇二一），是一部關於低口語自閉症的電影。

謎樣的世界，有誰能懂？又有誰可以理解？愛，很是細微，需要你、我敏銳感受。不過，在陪伴低口語自閉症的照護上，很不容易。

請細細地感受，這群天使對於周遭環境刺激的敏感。請深深地體會，他們心中難以言語的困境。他們需要身旁有人懂，願意懂，更願意成為橋梁來溝通。

請讓天使的身旁，多一些良善的陪伴。接納每一個人感受這世界的方式，也尊重每個人所擁有的不同。

幸福，剛剛好。不需滿溢，剛剛好，就好。

- 《牆裡的孩子》（*L'enfant qui vivait dans un mur*，愛涅絲·德·雷斯塔〔Agnès de Lestrade〕著。賽巴斯汀·千伯特〔Sébastien Chebret〕繪。賴羽青譯。格林文化出版）是一本非常美麗、動人的繪本，願和所有關心自閉症孩子的你分享。

一道牆，冷硬地隔絕了彼此的世界。沒錯，這些住在牆後的孩子很難令人理解。然而，有多少的孩子又自願如此這般。

牆裡令人安心自在，但似乎又缺了些什麼。牆外變動、焦慮，總是令孩子難耐。但如果我們有愛，孩子依然會有那一絲絲，想往外探索的動機與意願。

面對與自閉兒之間的這道牆，我總是相信，如果我們願意試著鑿開一個小洞，我們就能好好接納與理解這群孩子的所有，這也能讓自閉兒感受到溫暖與善意。

牆，終究會有裂縫。牆，終究會有小洞。孩子能否跨出這道牆？

我願意相信。

在班上，**以影片或繪本為媒介，讓同學們對於自閉症能夠有貼近的認識，隨後讓同學們（包括霸凌者、目睹霸凌者）上台分享心得。**

提升同學們對自閉兒的合理認識，讓他們了解自閉兒這些行為的背後，想要傳達的意思。

有了解，就能夠拉近彼此的距離。並且會知道改變自己比較容易，要讓自閉兒改變，相對困難。

【亞斯兒】

捍衛正義，實話實說

——暴露在霸凌的風險中

「你說呢？我想巴你的頭，誰也攔不住！」話一說完，俊才和啟光邊笑邊大步往前。

「你為什麼要巴我的頭？」

逸安摸著後腦勺，仍然不服氣地往前追著俊才和啟光，「你幹麼巴我的頭？」

「不然，你想怎樣？」俊才用力推著逸安的前胸。

逸安重心不穩，差點跌倒。

「我警告你，給我小心一點，再讓我遇上，小心我一巴掌下去。」俊才放話，讓逸安心生畏懼。更何況，這已經不是第一次俊才對自己動手動腳。

「我到底做錯什麼？為什麼你要這樣對我？」逸安不死心地追問。

「我就是想要整你，怎樣？竟然當眾告訴老師我們作弊。你他媽的，想死啊！」俊才超級不爽。

「對嘛！對嘛！哪來的膽子，真的是欠打！」啟光不忘附和。

「你們英文考試偷看小抄，按照校規，就是不能作弊。我有說錯嗎？」

「幹！林北考試要怎麼做，關你屁事啊！我已經看你很不爽了。別以為你是什麼亞斯伯格症，我就不敢扁你。巴你的頭，已經算客氣了。下次如果再給我白目，小心我扁死你。」

「我只是實話實說，我哪一點做錯？」

「你這個臭小子真的是死鴨子嘴硬，幹！」俊才伸出手，準備朝逸安的臉揮過去，逸安伸出手想擋。

「你們明明就是作弊。我一點都沒有錯。」雖然因為驚嚇，俊才的後背已經濕了一片，但俊才依然有話要說。

【陪伴孩子走出霸凌的傷】

謊言的編織

霸凌者往往會否認自己的所作所為，把一切問題都歸咎於對方。

千錯萬錯都是對方的錯，千錯萬錯都是有理由的，千錯萬錯自己的所作所為都沒有錯。要霸凌你，總是有千千萬萬的理由。

霸凌者有時為了掩蓋自己霸凌的動機，不免會編織莫名的理由與藉口來搪塞，例如原本因為考試作弊被揭發，這時卻脫口說對方在走廊上擋路。

霸凌者當下不願正視問題，那麼我們就順著他所編織的謊言，進行討論。就以編謊擋路這件事為例，引導霸凌者思考，在面對眼前的擋路問題，除了使用肢體攻擊、暴力之外，我們相信他們應該有更多有智慧的選擇。

讓眼前這些孩子相信，他們應該有這樣的能力，可以想出適當的解決問題方法。更何況，如果只是擋住路，是否需要如此小題大作。

例如：

「同學，對不起，請借過。」

「同學，讓開一下。」

「同學，你別擋在這邊。」

或自己繞一下路。

讓霸凌者知道被擋路和動手打人，這兩件事並沒有因果關係。誰說，被擋就得動手解決（更何況，擋路只是個藉口）。

相信孩子們，一定可以好好開口用說的，以預防孩子下回再有暴力的行為。

輔導霸凌學生，避免只停留在說歸說。既然討論了解決問題的方式，接下來就是**進行刻意演練**。讓孩子透過反覆練習，逐漸將這些方法轉為自動化、自然的反應，讓孩子學習以適當方式做回應。

下回遇到其他的理由，例如考試作弊被揭發，請記得，還是有別的解決方式。當然，霸凌除外。

錯綜複雜的人際關係

針對事實，客觀地實話實說，這在亞斯兒的觀念裡，並沒有任何的錯誤。「實話實說錯在哪裡？為什麼他們要如此對待我？」亞斯兒百思不解。

事實上，亞斯兒並沒有錯。只是在錯綜複雜的人際關係裡，絕對的黑白二分，對於道德、正義的捍衛，很容易讓亞斯兒受傷。

孩子需要適時保護自己，以免暴露於危險的狀態裡。但這麼說，絕對不是對亞斯兒說：「活該，誰叫你這麼誠實、那麼雞婆，才給自己招惹來麻煩。」當亞斯兒發現同學作弊（或其他做錯的事），選擇當眾直接告知老師，這麼公開的舉動，很容易為自己招惹來麻煩。

我們可以引導亞斯兒這麼說，例如：「逸安，如果我們發現同學們做了一些不符合校規的事情，你可以私底下到辦公室來，說給老師聽。」

請直接引導亞斯兒孩子，讓他知道怎麼做對自己是比較適切的。

別讓自己印象焦黑

在過程中，避免使用負面的提醒，例如：「逸安，如果發現同學做了一些不符合校規的事情，你不要在教室裡公開地說。這麼做，只會招惹麻煩，讓同學們對你產生反感，欺負你。」這麼說，很容易讓亞斯兒將注意力聚焦在負面的訊息上，亞斯兒也容易誤解，認為你是在責備他。

絕對不要跟亞斯兒爭辯，否定他，例如：「你不應該這麼說。」「你不應該這麼做。」這會讓亞斯兒對你產生極度的反彈，炸出更大的情緒黑洞。

一旦你在他心目中的印象焦黑掉了，亞斯兒二話不說，會把你歸在不友善的那一邊，拒絕與你往來。

重要的是，在與亞斯兒溝通時，除非孩子已經接受你，你們之間已建立良好的關係，否則在與亞斯兒討論時，請避免太強調「後果」。

因為太強調「後果」，很容易讓亞斯兒誤解，你在「威脅」他，亞斯兒的整個情緒會再度引爆出大窟窿。

報復又保護的雙效作用

換個方式說，讓孩子比較能夠接受，這是與亞斯兒互動的基本概念。

請記得，**亞斯兒不喜歡被命令**，因此我們得需要留意說話的字眼，**請以「我們」來取代「你」這個字**。

例如：「逸安，老師可以感受到當俊才和啟光欺負你，讓你感到非常生氣難耐，心裡有一股想要報復的心情。不過，我相信我們有智慧，我們可以使用聰明的方式，既可以達到報復，又可以達到保護自己的雙效作用。」

在這裡，請直接告訴逸安，接下來我們可以怎麼做，特別是使用正向的問題解決方式。例如：「他們打你這件事，我已經轉達到學務處，學校會依校規來進行處理，他們得要面臨被記警告的代價，這會影響到他們的操行分數，同時，他們也需要接受輔導室輔導。」

摩拳擦掌打回去?!

當亞斯兒反映：「為什麼我不能直接打回去？」你可以回應：「因為我們比他們更有

智慧啊！我們可以動動腦，並不需要動手，就可以解決問題。」

讓孩子了解，霸凌者會故意設陷阱，刻意激怒你，讓你的情緒受影響而反擊。他們巴不得你對他動手，這時他們就有充分的理由，對你重重還手。把雙方的問題，歸因為彼此衝突而打架，這時就和霸凌沒有關係，當事人也可以脫罪了。

如果真的必須與亞斯兒談論行為後果，請優先以孩子願意接受的老師來與他討論。老師可以讓亞斯兒了解，如果打回去，一是自己可能會受傷；二是彼此產生衝突，變成打架；三是連帶自己也可能會被依校規處罰；四是對方因此罪更輕，懲處也更輕了。

【亞斯兒】

情緒量能的輻射放大

——霸凌的傷更深

「你們知不知道什麼叫做心理戰術？現在就讓我來教教你們，如何讓楓禾考試陣亡！」當建凱這麼說時，同學們都好奇地朝建凱圍了過來。

「快說，快說，把你的法寶拿出來。」

「別讓楓禾那麼跩，我早就看他不順眼了。」

「你們有沒有注意到楓禾對於聲音很敏感？每次只要大家說話的音量大一點、吵雜一點，他就會用兩隻手摀著耳朵，皺起眉頭，一副懊惱、痛苦的模樣。」

「所以我們就利用下課時間，一起鼓譟，把聲音弄大聲一點，讓他受不了。我們一起

來吵他，擾亂他。那麼，他的腦袋系統就會亂掉、當機。這樣，他的考試鐵定完蛋！」

建凱胸有成竹地說。

「那還不簡單，我們就趁現在馬上行動！」

鏗鏗鏘鏘，同學們敲打文具，還刻意搖晃桌子，發出轟隆轟隆聲。

「地震！地震！地震！」小沵還故意大聲嚷嚷。大家笑成一團。

正在準備段考的楓禾，感到異常的刺耳、煩躁、難耐。他不時摀住耳朵。

桌子搖晃的聲音此起彼落，楓禾的思緒開始混亂。「你們能不能安靜？不要搖桌子！」

但沒有人理會楓禾，大夥兒越玩越起勁。

「還有，我們講話速度快一點，肢體動作多一點。你相不相信，楓禾會卡住的！」建凱又出餿主意。

同學們就這樣，你一言，我一語，像機關槍般，答答答、答答答，完全沒讓楓禾有緩衝的餘地。

對患有亞斯伯格症的楓禾來說，訊息大量地湧進來，他的腦袋頓時無法處理、消化、解讀。楓禾毫無頭緒，不知所以，他的焦慮破表。

不像其他同學情緒的轉換速度很快，當楓禾的情緒一上來之後，他很難瞬間就平復下來。

楓禾越來越焦慮，在高分貝的噪音之下，他的雙手不時用力搓揉耳朵。記憶像崩塌的磁磚，一塊一塊掉落了下來。

同學們採取車輪戰的方式，輪流在楓禾身旁製造聲音，而當教室裡其他的同學抗議，這些鬧事的同學就更加故意地與抗議的同學爭辯。

這些爭吵聲，並不輸搖晃桌子所帶來的干擾，簡直讓對聲音異常敏感的楓禾要崩潰，也更加心慌意亂。

考試的時間漸漸逼近，楓禾整個人急了起來。但楓禾越著急，同學們卻越得意。

楓禾就像一隻待宰的兔子，掉進同學們所設的噪音陷阱裡。同學們正磨刀霍霍，要將楓禾數一數二的好成績往下拉。

【陪伴孩子走出霸凌的傷】

刻意針對

亞斯兒在接收訊息後，他們的反應比較慢，往往需要一些時間才能做出反應。而同學們就是刻意針對這一點。同學們說話的速度越來越快，並且還一群人相約一起說。他們的聲音刻意放大，音量加高，且東扯西扯，頓時讓亞斯兒整個人處在當機的狀態。

當亞斯兒面對這種場合，一時之間不知該如何反應。但當亞斯兒又急著想要反應的時候，就很容易語無倫次，越講，整個語句越加混亂，也越加激動。

負向情緒量能的輻射放大

當亞斯兒遭受同學的惡劣行為，無論是突如其來的驚嚇、吵雜、開玩笑、惡作劇等霸凌，當中所激起的負向情緒量能將不斷放大。

如果他人感受到的是一倍，對於亞斯兒來說，那就像擴大的漣漪般，放大了好多倍。這對孩子在處理情緒上將帶來負面作用。亞斯兒讓自己陷入更加困擾的漩渦裡，無法自拔。

我們絕不能說：「誰叫亞斯兒自己把這些感受放大了兩倍、五倍、十倍……一切都是他的問題。」這非常不友善，也不厚道。

以靜制動

請多引導亞斯兒冷靜。特別是當對方群起攻之的時候，亞斯兒先不做出任何回應，按兵不動。等對方全部講完之後，這時再來做出回應。

讓亞斯兒學習以靜制動，以不變應萬變。亞斯兒可以順著自己的節奏來做回應，甚至不做任何回應。另外，也可以選擇掉頭就走，不受對方擺布。

啟動連珠炮

引導亞斯兒在面對霸凌孩子時，乾脆話匣子一打開，開始說出自己所擅長的興趣。例如就跟對方談起黑洞、木星跟月亮的關係等天文地理，讓霸凌孩子感到一頭霧水，只好摸摸鼻子，無趣地走開。

另外，當躲不掉的時候，這時也可以引導亞斯兒發揮他的背誦能力，例如當面對不友善的同學走過來時，亞斯兒開始啟動他的長篇大論，例如敘述起自己所熟悉的太陽系知識，或背起唐詩、宋詞，讓對方摸不著頭緒，最後無趣地選擇離開。

而當對方用言語刺激自己，這時我們可以引導亞斯兒，嘗試以自己所熟悉的興趣、內

容，滔滔不絕地向對方做分享。或許你覺得這麼做，會讓霸凌者覺得受到刺激，但事實上，我們需要**引導孩子採取智慧型的反擊**。

當對方用一些負面的言語，此時不妨開啟亞斯兒的興趣大數據，無論對方講什麼，就讓亞斯兒訴說自己所熟悉、擅長的興趣，讓對方知難而退，也讓對方感到無趣。

我們不見得要隨對方起舞。當霸凌者想要用言語傷害自己，摧毀自己的內心，挑動自己的情緒，混亂自己的思緒，讓自己的行為失控，那麼就採取自己最擅長的方式，有智慧地來回應。

當亞斯兒訴說自己熟悉的事情時，不需要思考，只要持續講自己所要講的內容。在這種情況下，亞斯兒也比較可以臨危不亂。反正，就是講自己熟悉的內容，反覆地倒帶。

在平時，可以反覆地刻意練習，讓亞斯兒熟練。你可以試試看，讓亞斯兒慢慢掌握自己，讓亞斯兒不因別人對他講一些負面言語，就讓自己的情緒隨之起伏。

因為霸凌者總是想要用負面的言語來傷害當事人的自尊，所以我們需要協助孩子保護自己的自尊心。讓孩子想像自己的自尊是透過一個防彈玻璃所做成的維護罩保護著，不容其他人用惡意言語攻擊。

孩子不見得需要與對方反駁，當對方越是想要用言語來攻擊自己，你就不和對方玩這場遊戲。雖然這些言語刺激聽在亞斯兒的耳朵裡，總是刺耳，讓他們不太舒服。**必要時，可以讓亞斯兒佩戴耳塞**，作為自我保護。

孩子需要練習面對平時一些不友善的對待，雖然這門功課對亞斯兒來說，難度很高。

理想上，我們希望整個教室的生態能減少這些不友善的對待，只是在現實的環境中，總是會有一些惡劣的同儕對亞斯兒蠢蠢欲動，言語霸凌呼之欲出。

不讓你孤單

別讓亞斯兒獨自承擔遭受霸凌的痛苦經驗；這對於思考容易陷入固著，以及情緒表達相對薄弱的亞斯兒來講，真的是情何以堪。

當亞斯兒在班上形單影隻，很容易就成為被欺負的對象。你捨得孩子這樣嗎？但也許老師有意見，想要反駁。「我沒有限制他交朋友，但他選擇自己一個人獨來獨往，我能怎麼辦？總不能壓著他，強迫他，去找別人玩吧？」

亞斯兒是不喜歡被強迫，但我們卻可以反過來，讓其他同學來找他玩。

多建立亞斯兒與特定同學之間的關係，可以投其所好，藉由共同的嗜好、興趣，讓亞斯兒與同學形成比較親密的友伴關係。

親愛的老師，你的舉手之勞，將讓亞斯兒在班上有所依靠。無形中，孩子也能受到應有的保護。

【亞斯兒】

冏在現場的尷尬

——好好善待亞斯兒

「哎唷，好痛耶！你們幹麼丟我？」

「誰叫你反應那麼慢，被球打到，活該！」

又砰了一聲，「你們到底在幹麼！」球狠狠砸到阿力的後腦勺。

「誰叫你被打到還不出場，閃開啦！」

「你們真的是故意的。」

「被打到了，趕快離場啦，不然等一下又被砸到，就算你活該。」

躲避球課，同學們刻意把球丟向反應比較慢的阿力身上。

「你們為什麼不讓他到外場？」美寧問。

「他在外場沒有作用啦，手勁一點力氣都沒有，擺在外場根本是展示用，也占位置。」

「他在內場不是很容易被打到嗎？」

「這也沒辦法，誰叫他那麼肉腳。」除了美寧，多數同學們的言語總是帶著諷刺。動作顯得笨拙的阿力，總是被同學們惡整。美寧很想有些作為，卻也愛莫能助。體育老師在一旁若無其事，讓阿力覺得自己被砸，好像都是應該的。

阿力想，難道這一切，就如同他們所說的：「我就是弱雞，被砸天經地義。」

球又朝阿力的臉上射了過來……

• 我討厭上躲避球課，每次同學都故意把球丟到我這邊來。由於球的速度來得很快，我總是反應不過來。

• 我每次漏接，球掉在我身旁的時候，他們就會刻意跑過來搶球，甚至用肩膀撞我。

• 雖然他們會跟我說對不起，但是，我知道他們都是故意的。

• 我不喜歡球在我身旁。球總是讓我感到措手不及。

- 我不知道球什麼時候會過來。這些不確定性，讓我顯得很慌張。
- 我越是慌張，我的整個肢體動作就變得越奇怪。
- 這一點，同學們看得出來。我越是這樣，他們就越容易把球朝我這邊丟過來。
- 我討厭上躲避球課。我寧可一個人在球場旁邊，閒來沒事地走來走去。我也不喜歡看人家在那邊比賽。
- 當我在場外，還是會有同學故意把球朝我這邊丟過來，還突如其來地大聲嚷嚷：「阿力，幫忙撿個球！」我幹麼幫他們撿球？我又不是他們的工具人，也不是他們的小狗。為什麼他們叫我撿球，我就要撿球？
- 我討厭同學們故意捉弄我。
- 我也不愛上跑步課。每次在操場上跑步，就會有同學刻意從我身旁繞過來，再突然大叫：「讓開！讓開！」如果我跑得太慢，後面的同學也會催促我。

阿力好想問：「為什麼同學們都要故意這樣對待我？」

【陪伴孩子走出霸凌的傷】

消極的鴕鳥心態

亞斯兒的動作協調往往比一般的同學笨拙些，也因此很容易成為同學捉弄、看笑話的對象。

亞斯兒對於觸覺觸碰，總是敏感。無論是球突然朝自己砸了過來，或同學刻意撞肩膀，這都是讓亞斯兒感到非常厭惡、難受的事。

既然上課的狀況這麼多，或許有些老師會消極地乾脆不要讓這些孩子參與課程。雖然這也是一種選項，但畢竟還是鴕鳥了一些。

當我們明知亞斯兒的這些弱點（除非你不知啊），在課堂上，不就應該試著貼心地留意這些孩子，避免他們成為被霸凌的對象嗎？

沒有人有義務被霸凌，也沒有人有任何權力霸凌別人、欺負別人。如果自認為的好玩，卻對別人帶來心裡的受傷、難過，那麼，這一切真的一點也不好玩。

別讓孩子悶在現場

有些孩子的惡劣是，因為了解亞斯兒的弱點，因而攻擊亞斯兒，讓亞斯兒招架不住。他們讓亞斯兒悶在現場，一臉尷尬，完全不知道接下來該如何是好。大家以看笑話、看戲的方式，看待眼前的亞斯伯格症同學。

不要讓亞斯兒在教室裡，總是因為陷入困窘的狀態而難堪。**老師的班級經營模式，將深深影響亞斯兒的反應**。例如當我們不斷地換座位，不斷地分組，不斷地競賽，這會讓亞斯兒不斷地處在變動的狀態，也會增加他們在同學面前，看起來煩躁、激動、笨拙、歇斯底里、無所適從的刻板印象。

而且，在這種情形下，也很容易引起其他同學對眼前亞斯兒的不滿及反感。他們的邪惡念頭一旦被勾起，亞斯兒被霸凌的機會也會相對地提升。

少數得服從多數？

有些老師反映，大多數的同學們都非常喜歡活潑熱鬧的氣氛，例如課程中的分組或競賽，因為這比坐在教室裡，單方面地聽老師上課有趣多了。

「但難道我們得為了考量這些少數的特殊孩子，就要犧牲其他大多數同學們的學習權利嗎？」這是談論特殊孩子的融合教育時，一般老師常有的疑問。

許多事情並非截然的二分，只能選擇做或不做，對或錯。

在課程設計中，我們可以考量亞斯兒的特質，進行些許的微調整與排列組合。例如競賽內容的選擇，初期可以針對孩子感興趣或擅長的項目為主，以增加他的正向成功經驗，或委由亞斯兒擔任評審、裁判或記分員，將焦點聚焦在競賽的過程，同學之間的合作，彼此為目標的付出、參與感以及感染的好心情，以減少對於輸贏過度的強調或反應，而**達到一般生與特殊生的融合、雙贏**。

有些老師想讓這些孩子多一些機會，多認識一些朋友，因此不時地調整分組的對象，或是換座位，心想這樣可以讓亞斯兒減少固著的狀況，多一些變通的機會。

這些出發點是善意的，且令人感到欣慰，但亞斯兒對於情境的調適，需要花很多的時間，因此在做法上，建議可以採漸進的方式。

例如其他組同學可進行大幅度的更換，但在亞斯兒這一組，則僅進行局部的調整，每次更換一位同學，或將換座位的時間間隔拉長，讓亞斯兒有較多的時間適應。

好好善待亞斯兒

如何與亞斯兒相處？非必要，不要進行肢體動作的碰觸，如果有需要，請先徵詢亞斯兒的同意。

與亞斯兒相處，請保持適當的距離，因為這對他們來說，會讓他們感到自在、安心一些。

放慢說話的速度，盡可能語調輕柔。因為如果聲音太尖銳，音量太大，會讓亞斯兒的耳朵感到極度不適。

當我們說話的速度太快、訊息量太多，往往會讓亞斯兒措手不及。亞斯兒的整個思緒會當機，無法反應。

可以的話，從亞斯兒感興趣的話題開始聊起。如果這興趣也是一般同學所熱衷的，這更會是好的開始。

不否定，不批判，學習欣賞亞斯兒的亮點。我們怎麼看待亞斯兒，也將決定他們如何看待自己。

改變自己的說話方式，減少否定的用語，給予正向的回應。**與亞斯兒說話時，請避免太抽象的內容，或是開他們玩笑**，因為他們很容易誤解，或是無法理解。不過，你的表情、說話的口吻、動作、姿勢，亞斯兒多少也可以猜出來你是友善或惡意。

亞斯兒需要認識的朋友不多，通常兩到三個好朋友，他們就很滿足了。當然，如果可以交到更多的朋友，我想亞斯兒也會非常樂意。

與亞斯兒講話，不要七嘴八舌，這很容易讓他的思緒打結，反應不過來。

請接受亞斯兒對於一些事情的執著與堅持，雖然這一點會讓周圍的人覺得很納悶與不解。

你可能會質疑：「為什麼我們都要順著他？」貼心的你，請給亞斯兒一些時間，他會慢慢調整自己。

【亞斯兒】

兩造對質，絕對大忌

——亞斯兒必輸無疑

「哎呀，不好意思，撞到你了，抱歉抱歉。」大峰故意碰撞英哲，小佑也刻意擠了過來。

「你幹麼要碰我？」英哲問。

「不好意思，不好意思，我不是故意的。」

「你們根本就是故意。走廊那麼寬，為什麼不靠邊走？」英哲氣呼呼地說。

大峰時不時從後面刻意拍打英哲的肩膀：「嗨！早安。」

但這舉動，讓英哲非常憤怒：「你為什麼要打我？」

「打？這是打招呼。好朋友不是要相互問候嗎？」

「誰跟你是好朋友。不要再碰我。」

大峰經常蓄意碰觸英哲。如同蒼蠅般，揮之不去，讓英哲感到非常厭惡。

這回，眼見大峰、小佑走在前面，壓抑許久的英哲突然往前衝，但大峰不但閃開，還用力把英哲一推，英哲重摔在地。

「啊～啊～啊～」英哲一邊放聲大叫，一邊起身，又往前衝撞了過去。

大峰二話不說，重重揮了英哲一拳。

英哲不甘示弱，朝大峰的手臂狠狠地咬了一口，大峰痛得哇哇大叫。

「老師，英哲咬人！老師，英哲咬人！」小佑這舉動讓英哲更加歇斯底里。

英哲豁出去了，他用力把小佑推開，隨後往操場狂奔。

「別跑，別跑！」小佑追了上去，只留下被英哲咬傷手臂的大峰蹲坐在地上。

這一切的衝突，到底要歸咎於誰？

【陪伴孩子走出霸凌的傷】

拋出疑問，讓孩子給答案

「你們明明知道亞斯兒在接受社會訊息上，有他的困難，但你們卻選擇用這種方式來刺激他。仔細想一想，你們這麼做的用意，到底是為了什麼。好玩？但到底是哪一點好玩？如果因為好玩，卻造成對方心理的傷害，請問這樣還好玩嗎？」

或許，你覺得霸凌的孩子哪會去想這些，他們哪有同理的感受。

但在與這些霸凌者互動時，與其我們跟他們講了許多的道理，倒不如拋出疑問，讓他們思考，給出答案。

在過程中，我們並非採取逼迫、威脅、指責的態度，而是把思考的球拋出去。霸凌者需要練習揮棒，說出自己心中的想法。

一旦霸凌者說出來，就有機會覺察。有了覺察，雖然不見得就能控制住自己，不再霸凌同學。但是沒有覺察，就很難有控制，行為也就難以改善。

遏止霸凌者的行為，能夠改變一個是一個。我依然相信這個社會是善的循環。如果我

們選擇放棄，任由霸凌行為猖獗，最終受傷的，依然是這些無助的孩子。

兩造對質，絕對大忌

面對同學之間的衝突、霸凌，我非常反對老師直接在教室裡，當眾叫同學起來對質。這一點，對於亞斯兒來說，是非常不利，甚至是大忌諱。

教室裡，人多吵雜，如果霸凌者咄咄逼人，且矢口否認，還將矛頭指向被霸凌者，講一長串顛倒是非的內容，因為當太多訊息一下湧入亞斯兒窄化的思緒裡，就容易讓亞斯兒陷入當機的狀態，亞斯兒的情緒往往會更加焦慮、混亂、歇斯底里。**這會讓老師認為亞斯兒難處理，難搞，也加深同學們對於亞斯兒的負面印象。**

所以在教室裡，當眾對質還沒開始，我就可以預測亞斯兒一定會輸。老師的處理也會是一敗塗地，不處理還好，越處理越糟糕。

當眾對質真的是非常粗糙的做法。你心裡或許在想，問題終究得釐清。沒錯，問題是該釐清，但是在釐清的技巧上，我們真的得要非常細膩。

遭受霸凌的孩子不希望老師來處理，有時怕的就是這種在教室裡當眾的對質。真的不要再這麼做了。如果你讀到這裡，請改變這種粗糙的方式。

各打五十大板？

這些惡整常常讓亞斯兒陷入混亂，而這混亂往往讓亞斯兒出現歇斯底里，甚至攻擊他人的行為，這也讓同學們找到一個理由，歸咎是彼此之間的衝突。

在校園裡，當老師往這方向解讀，「他們兩個人是在吵架、打架，這並不是霸凌，因為亞斯兒也動手啊！」

如此的歸咎、解釋，兩個人各打五十大板的做法，只會讓霸凌的問題在暗處持續發生。

單純窗口的設定

特別提醒，亞斯兒在溝通上，需要一個單純的情境，窗口越單純越好。而與孩子對談的老師，最好是亞斯兒可以接受的人。

當亞斯兒與老師之間有了關係，有了信任感，亞斯兒可以接納你，這時，你所說的話，所給予的意見，孩子也比較能夠接受（甚至照單全收）。

尷尬的答案：沒有這個人

讓亞斯兒想想，當有人欺負他的時候，他第一個想要求救的人是誰，他想要告訴誰，不過就怕孩子直接告訴你：「沒有這個人。」

這是一個令人尷尬的答案。

我們得好好想想，到底問題在哪裡。為什麼偌大的校園裡，有這麼多的人，竟然沒有一個人可以與亞斯兒建立信任以及安全關係？

請讓亞斯兒願意接受你，讓他願意將內心裡的想法、感受，清楚地向你說出來。至少在他說出來的時候，他會感到安心，同時反映出對你有所信任。

但現在卻沒有這個人?!如果孩子不願意向老師以及同學述說，那麼是否會告訴爸媽呢？

請特別提醒自己，亞斯兒不是沒有能力說，而是**對亞斯兒來講，如果尚未認定你與他的關係達到某種程度，他是不願意開口的**。

附帶提醒：建議老師，在不公開的情況下，讓同學們想一想，當遭受到霸凌時，自己願意說出來的對象有誰。從過程中，老師可以進一步了解，班上孩子與孩子之間的關係。

細膩的陪伴：聆聽，支持，接納，轉移

面對亞斯兒被霸凌，在陪伴孩子的過程中，我們該如何和孩子討論？當孩子主動提出來，這時，我們靜靜地聆聽，讓孩子將內心的壓力抒發出來。

有時，孩子期待我們的反應，也希望獲得我們的支持與認同，這時，你可以問問孩子：「你期待我們怎麼做。」

在孩子有情緒的當下，請減少過多的語言訊息，也避免太多說教，請靜靜地聆聽，讓孩子感受到他的情緒是被接住與被支持的。

過程中，別勸誡亞斯兒應該如何改變，因為亞斯兒很容易誤解我們的意思。亞斯兒會誤認為我們站在霸凌者那一方，他當下很容易勃然大怒。

當亞斯兒的思緒與情緒持續卡住，他的固執性很容易像迴圈般無止境地環繞。這對孩子來說，是一段很痛苦的折磨。

適度的轉移，聊聊別的話題，讓孩子跳脫迴圈，也讓情緒暫時獲得舒緩。

當孩子遭受欺負、霸凌時，
我們最忌諱咄咄逼人地問遭受霸凌的孩子：
「到底發生什麼事？是不是你怎樣……？
是不是你如何……？」
這對孩子來說，是二度傷害。

但有時，你會遇到有些孩子，當我們轉移話題時，他會立即翻臉、生氣、憤怒，認為我們沒有尊重他。他認為自己在跟我們談被霸凌的事，為什麼我們顧左右而言他，講一些五四三的不相干問題。

因此，在因應上，請視孩子的狀況做調整。但是**轉移，依然是讓亞斯兒擺脫情緒困境的首選**。

與其回頭，不如向前走

當亞斯兒遭受霸凌，如果經過很長一段時間，孩子整體的情緒、行為相對趨於穩定，他也沒有再主動提及被霸凌一事，這時，我們是否該主動引導亞斯兒回顧過去被霸凌的經驗？

這一點，我先保留。我們不是眼不見為淨，漠視事情的發生，絕對不是。

在談論的過程中，得非常謹慎，因為要避免將亞斯兒的思緒，又拉回到那負面的經驗裡。因此，我建議只要孩子現階段的情緒、行為趨於穩定，那麼就繼續往前走吧！

亞斯兒並不見得需要隨時回頭，屢屢感受過往那不堪的回憶與經驗。往前走吧！讓亞斯兒感受到校園裡的安全與友善的對待（這是我們的必要任務）。

倒是霸凌者必須要好好來思考，為什麼你們選擇攻擊亞斯兒在性格、特質上的弱點？這麼做的用意，到底是為什麼？面對亞斯兒的弱點，你們想的不是如何幫助他，卻是如何惡整他，這樣的思考是從何而來？你們真的認識眼前的自己嗎？

除了惡整亞斯兒之外，是否可以釋放出你們的良善？

熊出沒，注意！

「孩子，危險在眼前，讓我們跑吧！」這是引導亞斯兒觀察當眼前有危險時，可以做出的因應。

就如同「熊出沒，注意！」讓孩子學習分辨當眼前出現威脅的情境，例如**當不友善的同學正朝自己走來，這時，第一時間請選擇快閃、離開**，特別是走往人潮比較多的地方，或者走向其他老師，以降低遭受同學不友善對待的機會。

「熊出沒，注意！」平時可以與孩子多進行練習、演練。透過反覆地練習，讓孩子在未來遇到類似的情境時，可以維持心情的平穩，並立即連結到快閃、遠離的應對方法。

跑吧，孩子！當亞斯兒遇見霸凌者，狹路相逢，是否要教他拔腿就跑？這麼做，是否會更加刺激霸凌者，從後頭追了上來？

在奔跑的過程中，當霸凌者從後面追了上來，這時多少會引起旁邊同學們的注意，而如果有同學一起告知老師，多少就可以降低霸凌的發生。

【亞斯兒】

遠離網路雜訊，不隨之起舞

——別踏進網路霸凌陷阱

「我警告你，你的謾罵留言，已經被我截圖了，小心我告你！」

「你吉呀！去吉呀！」

「什麼吉不吉，是告，不是吉，連字都會打錯。」

「哇！連『吉』是什麼意思都不懂。你這個網路小白痴啊。」

「你才是白痴，誰是白痴。你他媽的，我才不是白痴。」

「哇靠，他竟敢罵你耶。吉他！吉他！吉他！」

「什麼吉他？我不知道你在說什麼。」

「所以我才說你是白痴啊！」

「你再罵我白痴看看，幹你娘老雞巴，你這個臭婊子！」

「哇靠，這誰呀！竟敢在這聖地裡用詞這麼不潔呀！囂張喔！」

「截他圖，吉他！吉他！」

「你別把這個小屁孩嚇得屁滾尿流啊！」

「哎唷，我隔著螢幕都聞到那屎臭味了。」

「把他踢出群組！踢出！踢出！」

討論區裡，酸民的酸語像導彈般，紛紛射擊過來，讓亞斯兒君瀚招架不住，氣急敗壞。

君瀚已經亂了步伐，原本被教導在網路上要小心謹慎的他，這時被激著只能將這陣子在網路上聽到的三字經、粗話，翻箱倒櫃，全盤說出來。

君瀚越說越激動，且一聽到網友說要截圖，他整個人更加慌亂。

【陪伴孩子走出霸凌的傷】

過往在網路上被霸凌的負面經驗，加深報復心態

遭受到惡意欺負的亞斯兒，容易模仿對方的行為，以及語言的模式。他們會直接複製、貼上，以攻擊另外一個人。

在執行這樣的報復行為中，亞斯兒並不會思考這麼做會對自己帶來什麼破壞性，或嚴重的後果。

反而是過往在網路上被霸凌的負面經驗，很容易在亞斯兒的腦海裡，像漩渦一樣，不時轉啊轉。這一點，很容易加深亞斯兒想要報復的心態。

而在報復的過程中，亞斯兒又很難深思熟慮地思考，當自己這麼做，例如與對方互嗆，會為自己帶來什麼不可逆的傷害。

不隨之起舞

面對網路社群裡的言語霸凌，請**提醒亞斯兒，避免和對方進行對話**。因為每一次的留言回覆，都會讓對方認為自己有反應，而更加使用一些粗話、三字經來辱罵，引誘你繼續回應（亞斯兒很容易被挖個坑就跳下去），也讓你的情緒更加激烈、波動。這是**霸凌者的用意：我想掌控你！**

如果真的要回應，才能緩和自己的怒氣（雖然還是不建議），你可以選擇固定貼圖（選擇的貼圖最好是中性），並反覆回應這貼圖。讓對方自覺無趣，放棄繼續惡意攻擊。

截圖的自我保護

平時教孩子截圖，以作為日後的證據。

孩子需要學習在網路上保護自己，但同時也得留意自己在網路上的行為。

遠離網路雜訊

當網路社群出現太多的言語攻擊、謾罵、揶揄、栽贓，建議先讓孩子遠離網路社群。雖然孩子會好奇，按捺不住，想要知道網路上其他人到底在對自己說什麼，但是又不敢看，擔心知道之後，自己的情緒也會明顯受到影響。這時，可以改由父母、老師來瀏覽群組網路內容，以掌握網路社群霸凌事件的情況。

壓抑報復的難耐

為什麼別人欺負我，我不能採取報復的行動？為什麼不能以牙還牙，以眼還眼，要對方加倍奉還，十倍奉還？

面對亞斯兒想要報復的心情，這一點，我們表達同理。孩子是否可以存在報復的念頭？畢竟想法在腦海裡，如果尚未採取行動，我們也可以接受。

只是亞斯兒由於他的固著性，很容易讓這些報復的想法，在腦海裡不斷地環繞，最後，就很容易衍生出實際的報復行動。

當孩子採取報復的行動，孩子必須要思考自己這麼做，所要面臨的代價與後果。如果採取報復之後，給自己帶來麻煩，那還真的得不償失。只是亞斯兒很容易執著於眼前想要報復這件事，忽略隨之而來的後果。

別給自己帶來麻煩

請特別留意亞斯兒在網路上的行為。孩子很容易在看到別人用言語辱罵的情況下，自己也選擇複製、貼上，開始仿效，報復對方。

這麼做，亞斯兒很容易讓自己陷入言語霸凌的陷阱當中。

亞斯兒很容易以為自己選擇一個適當的方式，同時也認為已達到報復的目的，殊不知自己這麼做，將會為自己帶來麻煩。

孩子所必須知道的社群網路世界

◎水能載舟，亦能覆舟

在社群網路時代，我們都在浪花上，隨之潮起潮落。按讚數、點閱率、觀看次數、流量等，就像一波又一波的浪潮，把人們的虛榮，以及想被看見的欲望，攪盪得心慌意亂。

然而，風平總是有浪靜的時刻。我們終究得思索一件事，為什麼此刻我們站在這社群的海灘上？

◎透過社群網路，我們到底要做什麼？

在看與被看之間，在按讚、分享與留言的剎那，網路社群能載舟，亦能覆舟。能讓人感受到升天，同時也能讓人瞬間毀滅。

渴望被看見？

網路的另一端到底是誰？留言是誰？窺視者是誰？在虛擬的網路世界，依然存在著很現實的複雜人性。

在明處，在暗處；想被關注，卻又只是某一面向。想要隱藏，卻又擔憂被全面起底。在網路世界，有時會讓人如臨深淵，稍一不慎，後續的演變將如陷入失序世界。

被看見到底是怎麼一回事？特別是在虛擬的網路世界。

適時自我覺察網路行為

主動？被動？在社群網路的世界，充斥極為複雜的幽微人性，遊戲規則會怎麼走，風向會怎麼帶，似乎由不得自己。

在網路社群的時代，我們是否容易因為受到關注，而離自己的內心越來越遠？回到初衷，回到自己的內心，回到自己真正在乎的人事物。隨時自我覺察，隨時修正自己在社群網路上的行為，這也是孩子與我們都必須學習的事。

日劇《對面的爆紅家族》（向かいのバズる家族）是一部描述在社群網路世界現象的戲劇。在光鮮亮麗的虛擬表象下，受關注、按讚數、點閱率、追蹤人數與討論度，很容易像浪潮般將人心沖昏頭。在虛榮與自滿的浪花中，讓人載浮載沉。一旦陶醉在成名的漩渦裡，迷失了自我，最終可能讓自己什麼都不是。

無論是虛擬網路或是現實生活，我們都很在乎在別人的心目中到底是什麼模樣。然而，為什麼我們如此地在乎別人？我們又是如何看待自己，以至於忽略了自己？

真正的我，在哪裡？

我們是否太過關注別人對我們的認定與期待？當我們太過於迎合別人心目中的模樣，是否也因此離自己真正的內心越來越遙遠？眼前的自己，我們真的熟悉嗎？

每一個人，展現自我的方式不盡相同。有時所呈現出來的，在現實裡與虛擬世界的反差非常大。在現實世界與社群網路上，哪一個人，才是真正的自己？是迎合別人期待的自己，還是忠於內在聲音的自己？

在虛擬的網路世界，人們期待被看見，或許在按讚數與點閱率之下爆紅了，然後呢？隨之而來的改變，真的是自己所期待的？還是那只是掩飾內在脆弱的虛榮假象？我們是否都為了迎合他人的評價而活？

一致性的自在

讓孩子了解在虛擬網路以及現實的世界，如果能夠維持一致性，對於自己來說，心理負擔其實是最少的。

畢竟，在面對已知或未知的他人，自己不需要遮遮掩掩，害怕被窺視或看見那不為人知的祕密。

《對面的爆紅家族》（向かいのバズる家族）是一部關於社群網路的日劇，非常適合處在網路時代的父母、老師，與孩子一起關注與討論。

透過戲劇，我們能進一步了解，在每日生活當中，我們所參與的這些社群活動，為自己帶來什麼樣的改變。

不可不知的法律規範

有些孩子會盜取特殊生的帳號、密碼，Po在社群上，並張貼不堪入目的色情圖片。網址、照片，使用與性有關的字眼、粗話、三字經，讓周遭同學以為是特殊生在社群上的謾罵。遇到這種情況，特殊生很難採取反駁或捍衛自己的權益。

別以為在網路上採取匿名的方式，進行辱罵、誹謗、攻訐、惡意留言，就能置身事外，這一切依然受到法律的規範。

無論根據刑法或民法，都有相關的規範。這一點，對於走在網路霸凌法律邊緣，或已經越界的孩子們，必須時時警惕，這絕非事不關己。

孩子必須了解的法律規範：

- 《刑法》第309條第1項：

公然侮辱人者，處拘役或九千元以下罰金。

- 《刑法》第310條第1項，第2項：

意圖散布於眾，而指摘或傳述足以毀損他人名譽之事者，為誹謗罪，處一年以下有期徒刑、拘役或一萬五千元以下罰金。

散布文字、圖畫犯前項之罪者，處二年以下有期徒刑、拘役或三萬元以下罰金。

- 《民法》第184條第1項：

因故意或過失，不法侵害他人之權利者，負損害賠償責任。故意以背於善良風俗之方法，加損害於他人者亦同。

- 《民法》第195條第1項：

不法侵害他人之身體、健康、名譽、自由、信用、隱私、貞操，或不法侵害其他人格法益而情節重大者，被害人雖非財產上之損害，亦得請求賠償相當之金額。其名譽被侵害者，並得請求回復名譽之適當處分。

第二章

陪伴過動兒、妥瑞兒走出霸凌的傷

【過動兒】

無風不起浪的討厭鬼

——ADHD該是宿命嗎？

「你能不能安靜一點！很吵耶！」

「我又沒有礙到你？你才吵耶！」

「討厭鬼，走開，你這個討厭鬼！我們全班都討厭你，滾開，滾遠一點！」雪芬氣呼呼地對阿亮說。

「你才討厭鬼！誰理你呀？」

「你本來就讓人家討厭！每次都亂說話，講一些五四三，而且愛亂碰人家的東西。」

「對嘛！對嘛！你最好像皮球一樣，給我滾遠一點！」

「討厭鬼！討厭鬼！討厭鬼！」同學們拍手鼓譟。

阿亮非常討厭聽到同學們說他是討厭鬼，同學越是這麼說，就越讓他的心情憤怒不已。

「你們再說說看！小心我扁你！」

「你在說什麼？你想扁誰啊？」老師一走進教室，聽到阿亮這麼說，板起臉孔指責阿亮。

「誰叫他們都說我是討厭鬼！」

「你應該好好反省，改改你的行為，同學就不會這麼討厭你。」

「我又沒有怎樣。」

「你怎麼沒有怎樣？你看你，動不動就愛亂說話，動不動就亂碰人家，還放話說要扁人家，你不覺得這是個問題嗎？」

老師覺得無風不起浪。一切的一切，都歸咎於ＡＤＨＤ行為的失控，才導致大家這麼討厭他。

對同學們來說，阿亮就是讓人家討厭啊！這一點，全班都舉手贊成。

當ＡＤＨＤ孩子被說是討厭鬼，這是被霸凌嗎？

【陪伴孩子走出霸凌的傷】

別群起圍攻

同學們到底能不能群起抱怨ＡＤＨＤ孩子？

「他就是討人厭！大家都討厭他！」

「別人不會這樣做，偏偏只有他這樣！」

「老師，為什麼我們不能說他是討厭鬼？他明明就是討厭鬼，不然你問其他同學。」

說真的，當同學們這樣抱怨時，老師的心裡也是這麼覺得。

但讓我們想想，當同學們越是在公開場合這麼說，只會讓ＡＤＨＤ更加被邊緣化。同學們對他的印象也只會更惡化，沒有人會想要跟他做朋友。

這種情形也會造成ＡＤＨＤ在教室裡，與同學產生更多的惡性循環。

不被接納，不被接受的ＡＤＨＤ，我們又如何期待他在教室裡，可以有穩定的情緒以及行為表現呢？

討厭，但別慫恿

你可以討厭一個人，但你不能傷害他。

曾經在團體裡，有位孩子指著ＡＤＨＤ，氣呼呼地說：「我討厭你。」我當時引導這孩子到一旁，但這孩子感到非常困惑，問我：「我又沒有做錯什麼事。」

我很清楚地對他說：「我沒有說你做錯什麼事。你是可以討厭他，但老師希望討厭是否可以私下跟他說。你在團體裡講，我擔心他會被更多人討厭。」

你可以討厭他，但別慫恿其他人也討厭他。

當同學刻意在全班面前說出對ＡＤＨＤ的不滿，這麼做，很容易讓ＡＤＨＤ被同學另眼看待，也容易將他與一般生之間的距離拉大，對於ＡＤＨＤ的刻板印象將更強烈。

請釋放出你的友善，ＡＤＨＤ孩子不盡然是那麼令人討厭的。

兩好一壞

請同學們寫下對於ＡＤＨＤ的印象。任何天馬行空的都可以寫下，先不設任何的框架。但必須是兩好一壞，也就是兩項優點，一項待改善（千萬別抱怨，ＡＤＨＤ沒優點）。

老師將內容收集之後，請先自行閱覽，以掌握班上同學們對ＡＤＨＤ是否存在誤解或偏見。

先不進行團體討論，避免讓同學們，你說完，換我說，他說完，換你講。在這種情況下，很容易讓ＡＤＨＤ感到尷尬、難堪。

殘酷的教室生態

ＡＤＨＤ孩子在教室裡很容易被排擠。或許你覺得班上小朋友的抱怨聽起來都滿有道理，例如誰叫ＡＤＨＤ孩子總是做那些令人討厭的事：愛插話，沒經過人家的允許碰人家的東西，上課吵到別人，走路常常撞到別人，玩遊戲常常不遵守遊戲規則，丟球都故意丟到人家的臉上……

這些抱怨讓ADHD孩子很難自圓其說。但**他並非故意要如此**。只是同學們才不管你，也不見得有人真的想要了解你，這是很現實、很殘酷的教室生態。然而，這並不等同於我們就撒手不管，任由孩子們在關係上自相殘殺。

翻轉同學的刻板印象

如果你願意的話，請翻轉同學們對待ADHD的刻板印象，讓孩子了解每一個人都有不同的面向。或許ADHD有讓你討厭的地方，但我相信，也有值得你欣賞的所在。

過動兒沒有你想的那麼糟?!

每一個人都有各自的特質，這些特質，我們先不從好壞來做評斷。面對不同的特質，試著用不同的角度來解讀、看待，或許就有機會讓我們看見這些特質——發光、發亮的存在。

ADHD**孩子**相對於其他孩子來說，在活動量上，**充滿飽滿的活力**。當我們把這些活力運用在日常生活中或運動裡，會讓我們充滿源源不絕的動能。

ＡＤＨＤ孩子**充滿了熱情**，你會看到他對於許多事物充滿好奇，他想要探索，想要趨近。

不過，你或許會說，他還不是衝動?!沒錯。既然他有衝動特質，我們就試著用不同的濾鏡，讓這些特質有一些不同的呈現。

既然孩子愛探索、好奇，那麼我們就賦予他一些機會，讓他負責發現生活中新奇的事物，流行的事物，美好的事物，並透過ＡＤＨＤ孩子愛聊天的特質，讓他跟其他人分享。

ＡＤＨＤ**的抗壓性，還真的比其他孩子來得高**。你可以想像，在一天裡，他得面對多少來自於父母、手足、老師、同學們的提醒、叮嚀、糾正、責罵、冷嘲熱諷。

可別說ＡＤＨＤ不在乎、不在意這些，也別說他們容易忘記。面對這麼多負面的衝擊，還要能夠好好地待在學校，並不是那麼容易，除非孩子本身有很強的挫折忍受力、抗壓性。（不過，還是請你口下留情。）

有時事情過了，ＡＤＨＤ孩子也會拋諸腦後，不然，生活要怎麼繼續好好過。

ＡＤＨＤ看似生活在當下，或許你覺得他們對於過去犯錯的事情，沒有辦法學到教訓，或對未來不懂得規劃。不過，ＡＤＨＤ對於適應陌生環境、新的情境的能力相對好很多。對於事情的突然變動，在心理調適上，也比其他孩子來得好上許多。

只要我們願意相信，每個孩子都有他的亮點，都有他存在的價值。將ＡＤＨＤ的特質翻轉為另一種解釋，就有機會改變一般人的刻板印象。

請ＡＤＨＤ孩子換個角度看待自己，並嘗試接受自己的特質。這並非是對症狀的合理化，而是讓ＡＤＨＤ跳脫出這些特質對自己所產生的限制與框架，讓自己展現出不同的能量，有不同的表現。

而當周圍的人用比較友善的方式看待，孩子會感受到被接受、被接納，這時，對ＡＤＨＤ來說，將能夠更加產生自信。

我們總是容易把問題歸咎到ＡＤＨＤ孩子身上。沒錯，他是需要調整，需要改變。但要讓ＡＤＨＤ孩子改變自己的行為，又談何容易。如果只要告誡他，提醒他一下，他就馬上改變，那大概也不存在ＡＤＨＤ這件事了。

課堂上，我們不經意的一句話，往往示範了我們如何對待特殊孩子。

老師怎麼說，班上的孩子就怎麼做。當我們數落了班上的特殊孩子，對於其他同學來講，就會加深對這個孩子負面的刻板印象。

我們對孩子的不耐煩，很容易讓特殊孩子感受到。當然，一般孩子也同時耳濡目染著，他們對於特殊生也會產生不耐煩。

霸凌這件事，絕對不是孩子之間的問題而已。在教室裡，老師的角色、老師對待特殊學生的方式，以及處理霸凌的技巧與手段，都扮演了非常重要的關鍵因素。

當老師討厭學生

老師對於特殊孩子的接受度以及態度，會決定這孩子在班上是否會陷入被霸凌的威脅、風險當中。

例如對於ＡＤＨＤ在教室裡，老是插話、講不聽、動來動去，不專心的抱怨……但如果連教室裡的老師都討厭ＡＤＨＤ，那麼這些孩子在教室裡，究竟該如何好好地適應與生存呢？

沒錯，面對特殊孩子，總是讓老師耗費許多時間、心力，也徒增在教學上的麻煩以及壓力，這是事實，但我們也得停下來思考，為何要討厭這些孩子？

他們沒有錯。這些孩子先天的特質，導致他們在行為、情緒、學習的表現上，與一般孩子有很大的差異，但這絕對不是孩子自己的選擇。

在教室裡，總是有一些孩子深受老師欣賞，無論是課業成績表現，乖巧行為的呈現、

配合以及服從，對於常規的遵守，以及令人賞心悅目的顏值與談吐等，但當老師很明顯地表現出自己喜歡哪些同學，以及厭惡哪些同學時，對於特殊孩子來說，他們在教室裡就很容易被排擠。

親愛的老師，請別忘了，你的態度將決定班上同學們對於ＡＤＨＤ的接受度。

【過動兒】

帶刺的問候

——別讓疾病汙名化

同學們竊竊私語，眼神更不時往治平的方向看，讓治平感到渾身不自在。「看什麼看，看屁呀！」

「噢！你今天沒吃藥齁？」

「關你什麼事！」

「記得吃藥啊，免得發作起來，我們可是會害怕的！」

「對嘛！同學們可是好心好意耶。還好有我們的提醒，否則你忘記吃藥，會不會讓病情更加惡化？」

「果然是好同學。沒錯，沒錯，好同學要互相提醒。」

「你們才要吃藥，神經病！」

「你才神經病耶！而且還是笨蛋一個。」

「對嘛！不然，你幹麼吃那種聰明藥，傻瓜、笨蛋才需要吃嘛！」

同學三三兩兩在治平一旁酸言酸語地說。

「我也好想變笨，好想吃藥啊！聽說吃藥成績會變好耶！」大宇裝模作樣地說。

「原來，治平的成績是靠藥物來的啊。這真的是不公平耶！」阿榮酸言酸語。

「藥」這個字眼，在治平的心裡真的是如鯁在喉。治平非常不喜歡聽到同學們討論這件事，但他們就是三不五時在教室裡，公開聊自己吃藥的八卦。

「我吃藥，難道有錯嗎？」「到底他們在笑個什麼勁啊？」「難道我吃藥就是神經病嗎？」治平的心裡很困惑。

治平三番兩次告訴媽媽：「我不想吃藥！」「我為什麼要吃藥？」「我又沒怎樣，為什麼要吃藥？」

說歸說，治平仍然無法說服媽媽。

媽媽依然強調：「醫生要我們按時吃藥，這對你的專注力和學習會有很大的幫助，也可以控制你的過動以及衝動問題。」

「只是我不想要讓同學知道我在吃藥。」治平委屈地說。

【陪伴孩子走出霸凌的傷】

減少汙名化

問問孩子們：「你吃藥了嗎？」這句話，帶給他們什麼樣的感覺。為什麼只要聽到「你吃藥了嗎？」大家都會覺得好笑？好笑的點在哪裡？自己到底在笑什麼？是你好笑，還是被說的人好笑？

同學們吃藥，會讓你聯想到什麼？你對藥的內容熟悉嗎？利他能、專思達、思銳，我確定你們不懂。（不懂，你們還笑？）

為什麼你吃了頭痛藥、暈車藥、腸胃藥、感冒藥，或長輩吃了降血壓的藥，你不會覺得好笑？還是，你的笑點是，對方患有注意力缺陷過動？但當同學被診斷是ＡＤＨＤ，

這有什麼好笑？你對這些診斷是否熟悉？是否了解？是否對於身心疾病，我們總是存在著汙名化？

當你不懂、不了解這些疾病，請保持安靜，這沒有什麼好笑的。

當不了解，某種程度也是一種無知。那麼，到底是誰好笑？

當同學之間出現言語霸凌，我們需要引導孩子仔細思索：為什麼自己說出這些話？說這些話的目的是什麼，想要達到的作用是什麼？是有想要解決的問題嗎？

可惜的是，當大多數孩子脫口而出，或許博得現場大家的笑聲，場面熱絡了，然而對於被言語霸凌的孩子來說，他們的內心卻涼了、冷了、受傷了。

沒有人有義務需要承受這樣言語的嘲諷。霸凌者得需要好好思索，自己到底在做什麼。

難道你沒吃過藥嗎？

「各位同學，我們來討論一件事，每個人在生活中，都會有需要吃藥的時候。像老師有時頭痛就會吃普拿疼，腸胃不適也會吃胃腸藥。那你呢？曾經因為什麼樣的困擾、疼痛、不舒服而服用藥物？」

抛出問題，讓同學進行分享。

「老師，像我牙痛，醫生有開止痛藥。」

「我是濕疹，脖子癢得不得了，醫生開了藥膏塗抹。」

「老師，我常常拉肚子，媽媽竟然給我吃臭藥丸。真的是好臭啊！」

「我曾經被隱翅蟲咬到，結果不小心抓破了傷口，痛得要命，後來醫生要我塗藥膏。」

「老師，我因為不專心，需要吃藥！」

「我阿姨得了憂鬱症，媽媽說她平時要吃抗憂鬱的藥。」

「我阿嬤常常抱怨睡不著，所以常常吃安眠藥。」

「我阿公都吃降血壓、降血糖的藥。」

引導孩子思考，每個人都會因為各種不同的狀況需要服用藥物，因此ＡＤＨＤ同學服用藥物來改善專注力、活動量與衝動，也是很自然的事。

引導孩子想想，當同學們因為情緒、專注力或睡眠等問題需要服用藥物，為什麼我們就抱著玩笑的心情呢？

試著讓孩子們了解，每個人都有他必須使用藥物的情況（這是當事人的需要）。就如同你的腸胃不舒服，老師的偏頭痛，阿嬤的失眠，阿姨的憂鬱症一樣，ＡＤＨＤ同學能藉由服用利他能、專思達、思銳，改善自我控制能力。

服藥是我的需要

以平常心來看待，讓ＡＤＨＤ孩子減少對於服用藥物的錯誤心態，也讓孩子能勇敢地坦誠說出自己吃藥的需求。

- 因為生理上的原因，讓我在專注力上很難維持。我需要透過藥物來改善我的專注力，這會讓我有機會好好地學習。
- 我知道這不是聰明藥，但它提供給我能夠維持專心的機會，讓我可以像大家一樣，做好充分的學習。
- 這些藥有一些副作用，各位同學可能不太了解。當我吃了這些藥，我會感到噁心、心悸、想吐、食欲不振，會吃不下飯，甚至會睡不著。偶爾也會莫名的情緒低落、想哭。
- 要不要吃藥？我自己也很矛盾，這很兩難。不吃藥，就如同你們在教室裡看到我的分心狀況。但是吃了藥，雖然讓我可以維持好的專注力表現，但就會有以上的副作用。

- 如果我可以不需要吃藥，我是多麼樂見。如果能夠不吃藥，誰又會想吃藥。
- 我不清楚為什麼你們對於我吃藥這件事會感覺到好笑。如果我這麼說，你們還是想笑，那是否可以好好告訴我，你們這麼笑的理由。
- 我自己也不想要吃藥，我也不想要有注意力缺陷過動症的困擾。

引導孩子們說出來，讓孩子們對於藥物的概念有新的爬梳，讓觀念與心態更加清晰。

帶刺的問候

當有些孩子傷風、感冒、腸胃不適，同學可能會問：「今天，你吃藥了嗎？」對於一般孩子來說，多少會覺得這是同學的一種關心，因而感到心中有一股喜悅，覺得溫暖。但反過來，當ADHD被問：「今天，你吃藥了嗎？」ADHD會想：「開口這麼問的同學，是真心傾向於關心，還是抱持著冷嘲熱諷的態度？」

如果這句話是出自於老師，那麼老師想要表達的意思，到底是關心，還是質疑：「你

是不是沒有吃藥?不然,今天為什麼表現這麼糟糕?」

請先讓我們來思考,我們是如何看待傷風、感冒、腸胃不適,以及ADHD。

在生活中,傷風、感冒、腸胃不適幾乎是司空見慣,是每個人的家常便飯,大家也就習以為常,認為這是一種正常的狀態。但當孩子被診斷是ADHD,周圍的父母、老師及同學到底是如何看待,這值得我們好好思索。

這種情形,就像小朋友很自然地告知其他人:「放學後,我要去看小兒科、耳鼻喉科或家醫科,因為自己傷風、感冒、腸胃不適。」說的人,聽的人,都不覺得哪裡有問題。

但ADHD孩子,是否可以很坦然告訴其他人,放學後,我要去看兒童心智科、兒童精神科?我想大多數的人,並不會想要讓其他人知道,因為解釋起來很麻煩。

如同傷風、感冒、腸胃不適的原因很多,雖然這些問題也不是孩子自己本身想要如此,可能是因為淋雨、天冷忘了加外套,或吃到不乾淨的食物。

然而,對於ADHD孩子來說,他們本身的問題卻是自己無法控制的。ADHD主要來自於生理上，無論是遺傳、腦傷或神經傳導物質上的因素。

對於ＡＤＨＤ孩子來說，這一切都不是自己願意的。

當然，你可能會認為這兩件事不能相比較。畢竟感冒、傷風、腸胃不適，除非自己傳染給別人，否則受苦受難的，不外乎是自己或身旁的家人。

但當孩子被診斷是ＡＤＨＤ，除了孩子在生活、學習、人際、課業等方面會出現困擾，對於老師的班級經營，以及與同學的相處，也都會產生很大的干擾，也就是說，ＡＤＨＤ會給別人帶來麻煩。

行筆至此，我沒有要強調什麼樣的標準答案，但是將這些問題拋出來，是想讓老師以及孩子們一起思考，這些疾病或症狀，為什麼每個人在看待上會有如此大的不同。

當我們要脫口：「今天，你吃藥了嗎？」這句話前，或許我們得停下來，好好地思考、覺察，說出這句話，是出自關心、嘲諷，還是質疑？

我依然相信，**當大人以正面的態度看待特殊需求孩子的議題，例如ＡＤＨＤ，班上的孩子們就有機會以比較合理、友善的態度應對**。

期待未來有一天，當老師或同學說出：「今天，你吃藥了嗎？」，接收到這句話的孩子，能真正感受到你是真心地關懷。

期待這一天的到來，讓我們以合理的方式看待ＡＤＨＤ。

【過動兒】

分組，無形的霸凌？

——請高抬貴手，拉孩子一把

「各位同學，現在四個人一組，分組完之後，把名單交給班長。班長記得下課把名單整理過來。」

每次在課堂上只要聽到「分組」這兩個字，就讓阿福如坐針氈，心中焦躁不已。每回看著同學在教室裡熱切地彼此交流，也令阿福嫉妒又羨慕。

你跟我同一組，我跟你同一組，我們都在一起，大家非常熱鬧，但阿福卻如同邊緣人，只能窩在教室角落，默默地等待最後被挑選。

分組這件事總是讓阿福感到極度地焦慮與難堪。在尋找組員的過程中，阿福總是面臨

一次又一次地被拒絕。

「誰想跟他同一組？拜託，我跟他不熟，千萬不要讓他加入。」

「老師，我們這組已經滿了。」

「去找別人啦！去組織邊緣人聯盟啦！」

「平時不努力建立關係，到頭來，果然沒有人想跟你。」

對於阿福來說，他也很厭惡自己。

阿福想，如果換作是他，他也不愛找像自己這樣被醫師診斷為ＡＤＨＤ的人作為同組的夥伴。「誰會想跟我同一組啊！」因為連自己都不想了。

阿福實在想不出，同學會選擇跟自己在同一組的理由。因此，「分組」這兩個字，總是壓得他喘不過氣。阿福非常厭惡聽到這兩個字。

當阿福鼓起勇氣地開口：「請問我可以加入你們這一組嗎？」光是這一句，阿福已在心中演練數十次，且還先幫自己打預防針，讓自己不至於因為對方說：「很抱歉……」就讓自己崩潰了。

對於阿福來說，他很想加入同儕，與他們一起聊天。只是總會擔心，當同學們很熱鬧地在一起聊，若他突然加入，會不會瞬間讓這一群人馬上作鳥獸散，或話題停止。

越是這麼擔心，越是這麼想，阿福就越不敢跨出去。

【陪伴孩子走出霸凌的傷】

聆聽搗蛋鬼的心聲

- 我是大家眼中的搗蛋鬼、破壞王、麻煩製造者。雖然，我也想要成為大人眼中的好學生、乖寶寶、模範生。誰想要被嫌棄，我也不想要如此，但莫可奈何。
- 誰不希望上課能夠專心，跟人講話時，眼睛可以看著對方。可以輪流，可以等待。說話音量可以控制，讓人家覺得悅耳，讓別人覺得自己是一個很懂事、體貼、善解人意的人。
- 我也不想衝動，說起話來讓人家額頭三條線，嗤之以鼻，搖頭晃腦。但你們的表情、眼神，說真的，我會有感覺的。

我也很想改變，雖然很難做到，但這不是在幫自己找藉口。

- 你可以想像，一直處在被人家嫌棄的狀態嗎？那種感覺就像自己是過期的麵包、沒清洗的便當盒，或咬一口放在抽屜老半天，已經壞掉的爛蘋果。好吧？或者你要說，就如同資源回收或垃圾桶，讓人家感到嫌惡。我當然不愛這種感覺。誰喜歡？
- 我也想要讓大家喜歡自己，但你是否可以了解那種怎麼做，也很難做到的感受。我也會垂頭喪氣，渾身沒力。像消氣的氣球，皺巴巴的。看到爸爸媽媽失望的眼神，我也會心灰意冷。
- 有時，我在想，在這個地球上，自己到底是處在世界的哪一個角落。或許你轉動著地球儀，可能都找不到我。

ADHD書寫練習

教室裡，**讓孩子們繳交一篇文章，題目是〈如果我是ADHD〉**。

我可以預期同學們會說：「老師，我又不是ADHD，我怎麼會寫？」但這就是重點了。

「如果我是ＡＤＨＤ」能讓一般同學們設身處地想想，當自己是ＡＤＨＤ時，自己會有什麼樣的想法、感受，會做出哪些舉動。

我們對ＡＤＨＤ了解多少？如果我們真的不了解，那麼為什麼我們要做出那些傷害ＡＤＨＤ同學的話語以及行為？

我們很容易只看到行為的表象，卻不了解在這些行為背後所存在的意義，以及當事人本身是否願意如此。許多的棘手問題，並非是當事人可以控制的。

也試著讓同學們寫一篇〈我和ＡＤＨＤ同學的相處〉。我很想了解同學們是否能夠自我覺察，他們與班上ＡＤＨＤ同學的相處是怎麼一回事。他們怎麼和他說話，怎麼和他玩，怎麼和他互動。

為什麼要讓同學們寫下這些文章？透過書寫，讓同學們好好思索，自己對班上的特殊生了解嗎？平時自己又是如何對待他們。

當一般生有了清楚地覺察，至少可以預防他們做出傷害ＡＤＨＤ同學們的舉動。

看見ＡＤＨＤ亮點

當ＡＤＨＤ孩子遭受排擠，怎麼辦？

如果你願意，你可以做球，讓ＡＤＨＤ孩子跳起來殺球，展現他的實力，讓同學們瞪大眼睛，驚呼並刮目相看。

仔細觀察ＡＤＨＤ孩子的擅長與優勢，例如他們很會說笑話、很有幽默感、大方、台風穩健、反應快，或是擁有玩躲避球、踢足球或跑步等優勢。

在班級裡，多進行這些活動。**如果老師願意讓孩子的亮點被看見，ＡＤＨＤ孩子被接受的程度就會大大提升。**

你會發現，我反覆提到如果「你願意」，因為許多事情對老師來說，是事在人為。

如果我們願意為孩子做點事，就可以讓孩子免於在教室裡被疏離、被排擠，身陷弱勢的邊緣。

每個人都有優、劣勢，如何尊重、欣賞對方的強勢，接納自己的弱勢，這件事有待我們的努力。

在課業上，ＡＤＨＤ孩子比較沒有辦法像一般的同學表現得那麼出色，因此若我們太強調課業成績時，ＡＤＨＤ孩子的弱點就很容易被突顯。

真的要比較的話，讓我們來個一百公尺衝刺，或看誰能夠接住老師用力所拋出去的球。

ADHD孩子沒那麼糟糕，請讓他的亮點被看見。不是我們要比較、要賭氣，只是要**讓孩子們知道人與人之間，若要比較，是比不完的**。

當你用自己擅長的方式想壓制對方，對方也可以用他厲害的優勢，讓你俯首稱臣。

多看ADHD孩子的亮點。當老師看見了，同學們就有機會逐漸修正對ADHD的負面印象。

分組：ADHD心中的尷尬與痛楚

你很難感受到當孩子在教室裡，面對絕大多數的人順利完成分組，但自己卻孤零零的在座位上，等待老師來做最後的安排。

這種感受很尷尬、很難堪、很丟臉。對孩子來說，他實在不想成為每次被選剩下的人。

每逢在分組過程中，大家熱烈地來來往往，這時總是讓ADHD孩子感到挫敗，質疑自己為什麼在社交、人際關係上如此不堪。難道自己真的是多餘的，就像小數點後面無

條件捨去一樣。

看著同學們分組時的歡笑，對於ＡＤＨＤ孩子來說，他的心糾結不已，腦筋一片空白。他的眼神茫然、毫無目的地張望：「要找誰？誰會來找我？」過往一次又一次的被拒絕，已經讓ＡＤＨＤ孩子失去任何主動尋找的動機。

那一種無助感、無力感、被排斥感，令人渾身不自在。

ＡＤＨＤ孩子總是一個人在校園裡遊蕩，常常從他口中聽到：「一個人比較自在。不用去管別人，不用去按照別人的要求做事情，我想幹麼就幹麼。」

話是這麼說，但**從ＡＤＨＤ孩子的表情上，還是可以感受到他有人際互動上的需求**。

只是對ＡＤＨＤ來講，人際關係很難強求，因為他們總是擔心自己被拒絕之後，該如何應對那份尷尬。

因此他們索性就暗示自己，也告訴自己，一個人不錯，在學校裡挺好過的。只是在孩子的心裡，也有些許的感傷。他們想要有所突破，滿足自己的人際需求，但這又談何容易。

請細心感受，在教室裡那總是被遺忘的孩子。關於ＡＤＨＤ的人際關係，請高抬貴手，拉他們一把。

別讓分組，成為無形的霸凌。

【過動兒】

快刀斬亂麻，讓衝突止血

——別讓行為跨過霸凌的門檻

一早，張老師在整理孩子們交來的聯絡簿，卻突然發現，在小揚的聯絡簿裡，夾了一張診斷書。

張老師好奇地仔細一看，診斷書上是兒童心智科醫師給的診斷：注意力缺陷過動症。底下的就診日期，剛好是昨天星期三下午，張老師很納悶，「為什麼小揚的爸媽會在聯絡簿裡加這一張診斷書？是不小心夾在聯絡簿上，還是有特別的目的？」更重要的是，為什麼先前小揚的爸媽都沒提到這件事。

但張老師回神一想，昨天早上小揚和班上小朋友起了衝突。這衝突不可謂不小，小揚讓對方的臉上出現瘀青。同時，受傷孩子的家長反應非常強烈，希望老師針對這件事好好地處理，否則就要往上投訴。

這件事，張老師還在苦惱到底該怎麼辦。是否需要把兩造雙方的家長都找過來？然而，現在突然多了這一張診斷書，這到底是想要告訴自己什麼事。

或許小揚爸媽的意思，是想要告訴老師，昨天下午的衝突，雖然錯在自己的孩子身上，這事實不容否認。因為對方臉上的瘀青，的確是小揚用拳頭重重揮了之後所留下的痕跡。

關於這一點，小揚自己也坦承，他的出拳是重了一點。只是小揚的爸媽也很想要告訴老師，動手打人的小揚真的是情非得已，小揚自己也不想要這樣。但小揚控制不住自己，因為他有注意力缺陷過動症。

當然，這是張老師望著那張診斷書時心裡的揣測。

「是否該撥通電話，或是用LINE詢問一下小揚的爸媽，關於診斷書的事？」張老師想著。

【陪伴孩子走出霸凌的傷】

ＡＤＨＤ孩子得為自己的行為負責

在校園裡，我常常思考當孩子之間彼此有了衝突，如果其中有一位是ＡＤＨＤ，這時我們該如何來看待。畢竟ＡＤＨＤ孩子，多少有他身不由己的考量。當然，這不能成為合理化的理由或藉口。

我常常告訴ＡＤＨＤ孩子的爸媽一件事，當孩子離開學校，在殘酷與現實的社會裡，人們並不會去管我們的孩子是否有ＡＤＨＤ的診斷。也就是說，孩子出了問題，他依然得要為自己的行為負責。

當然，孩子若在校園內出了事，也不等同於就完全免責。

有些孩子出了問題，孩子會告訴你：「沒辦法，誰叫我控制不住，因為我是過動兒。」

只是在這種情況下，我會問他：「然後呢？你想要告訴我什麼？」

我們是否曾經試著努力想要控制衝動，控制自己的拳頭？同樣地，在這種情況下，是否自己真的都不需要承擔任何行為後果？

我想，答案絕對不是如此。

當面對ＡＤＨＤ孩子在學校出了錯，到底該如何因應？除了考量孩子本身生理上無法控制的因素，適時予以寬容、諒解外，孩子依然得要承擔因為自己的不適當行為，而需要付出的代價與責任。

別讓行為跨過霸凌的門檻

歷年來，在校園裡，隨著轉介的學生需求，或各校特殊生的性質，在資源班的團體中，成員的組合不盡相同。

有時是一群ＡＤＨＤ、智能障礙學生一起上課的同質性團體，或混搭著ＡＤＨＤ、自閉症、亞斯伯格症、妥瑞症、選擇性緘默、智能障礙等異質性團體。

在團體裡，依然可見特殊生中，相對強勢（例如ＡＤＨＤ）孩子對於相對弱勢（例如自閉症、智能障礙）學生，所出現的不當對待。

快刀斬亂麻，讓衝突止血

幸運的是，當下團體的帶領者是自己。在保護學生的原則下，我是絕對不允許類似強欺弱的事件發生。

因此，只要觀察到一絲絲的星火，我會馬上介入，以避免造成燎原。

當欺負事件發生，無論是不當言語，例如三字經、粗話、調侃、揶揄、嘲諷、過度玩笑，**或不當動作**，刻意的推擠、打、踢、踹等，**第一時間的介入非常重要**。

當下，我會明顯地以嫌惡的表情，讓欺負者理解到自己不適當的行為，隨後我會以嚴肅、冷靜的口吻詢問欺負者：「你在做什麼？」讓他覺察自己不當的言語或行為。

無論是誰，都得為自己的不當行為負責。

隨即，我會再告知：「既然你還在學習如何與小朋友玩遊戲，那麼老師就慢慢地來教你。」（以一種我是為你好的口吻。）當下，會讓欺負者暫停他的活動（權利被剝奪），旋即讓其他孩子進行自由活動（引起當事人羨慕，自己卻不可得），讓欺負者觀看並學習其他孩子如何相處、互動（正向行為示範）。

我會以清楚並堅定的立場讓欺負者知道，「我不允許他欺負我的學生」。

當然，如果其他人要欺負霸凌者，我的保護立場也是一樣。

在團體中，我得將這不當行為以最快的速度進行處理，絕對不允許欺負行為演變成後續的霸凌事件。

至於事件的緣由到底是因為什麼事情而發生，我並不急著在第一時間詢問，畢竟任何的欺負都不應該有任何理由或藉口（雖然我們得了解）。

待欺負者接受行為後果之後，再進行問題行為的釐清。重點是，讓孩子們知道，你可以生氣，但並不等同於你可以為所欲為，更何況對方並沒有做錯任何事。

別讓ＡＤＨＤ或其他特殊孩子成為下一個被霸凌的對象

知道，但做不到，這是ＡＤＨＤ的罩門，該如何是好？

知道，但做不到，往往是ＡＤＨＤ給人的印象。這是事實，執行力的匱乏，往往也是這群孩子的致命傷。

既然做不到，大人就只好不停地耳提面命，提醒再提醒，叮嚀再叮嚀，催促再催促。但最後的結果，卻依然是做不到。

你可能深感納悶，並帶著不耐的火氣：「為什麼老是說不聽？」「你到底要我講幾遍？」「你是不是故意的？」望著ＡＤＨＤ孩子，心裡油然而生「煩」這個字。

別認為霸凌事件會自然而然消失，
我們大人必須適時介入與妥善處理。

但回到一開頭所提及的，「知道，但做不到」是ADHD給人的印象。因此，你有沒有發現，面對ADHD的教養與教學，我們一直重蹈覆轍，總是在迴圈裡，轉啊轉、繞啊繞？

既然他們知道，這就表示問題不在於「不懂」這件事。也就是說，無論我們講了N遍（N，請自己填寫），ADHD孩子還是做不到。

真正的核心點在於，我們講了之後，接下來**是否有演練，而且是反覆地演練再演練，微調再微調，修正再修正，以強化這群孩子的執行力**。

當我們說了，他就得馬上做（除非孩子真的有合理的理由）。而不是，我們口頭說了，就認定他會主動做。

如果事情這麼簡單，那麼ADHD就不會是個擾人的問題了。

請別忘了一件事，ADHD的專注力不好，很難掌握重點，更何況，我們話講了一大堆，最怕也沒有重點。

做，做，做。行動，行動，行動。

說了之後，示範之後，孩子就得立即行動。做多了、做久了，孩子的執行力出來了，

一次一次又一次，直到熟練。

重要的是，知道，且做到。

別再苛求孩子了——請良善看待過動兒

- 在這個世界上，有我，沒有我，我想應該都是沒有差別的。我微不足道，如同空氣一般，沒有人看得見。
- 你說說看，連我自己都不喜歡我自己了，連我都討厭自己了，怎麼還會有人把我當一回事？

孩子一臉茫然地癱坐在沙發上。他講起話來有氣無力，如同洩了氣的皮球。

- 我是誰？這一點重要嗎？
- 鏡中的自己，感覺很陌生，輪廓也很模糊，我完全說不出來自己究竟是怎樣的一個人。我這個人，一點都不重要。
- 我好羨慕他們啊！他們所認識的朋友，盡是一些模範生、班長、社團幹部，不然就是籃球隊，或者是那一群很吃得開的同學們。不像我，過動兒一個，身旁總是一些看起來讓人覺得很衰小的同學，要麼成績差，是班上的邊緣人，或是打起球來如弱雞一般。

對父母來說，如何降低孩子對於自己的負面印象？讓我們好好思考，在日常生活中，我們是否總是對孩子過度地批評、指責、謾罵、糾正？太多的負面提醒，不斷在暗示孩子，「你真的很糟糕」，「你真的有太多瑕疵」，說著說著，讓孩子也對於自己感覺到難堪，甚至否定了自己。

倒不是說孩子不能接受批評，而是在這當中，**我們應該試著留意具體的肯定與批評所占的比例，是否明顯有所差距**。

別折磨自己，別總是瞧見自己的不美麗。當眼中都只看見自己的缺陷，那麼要讓孩子接納身受ADHD困擾的自己，又談何容易。

孩子，別吝嗇對自己說一些好話！你所說的話，將為自己帶來滿滿積極的能量。至少**從合理的角度看待自己**，會勝過自我否定的不斷累積。

沒有人是完美的，也不需要完美。完美這兩個字因人而異，有時更在於自己的一念之

問。

懂得欣賞自己、接納自己，針對自己優勢的能力、擅長的能力給予自我肯定。沒錯，這是最扎扎實實的自己。讓自己感覺到有能力，感覺到存在感。

同時，對於我們相對弱勢的能力，或者是自覺不足、限制、缺陷、瑕疵……這些也都是我們人的一部分。無論好的、壞的、喜歡的、厭惡的，這全部都是我。

懂得自我欣賞，不在於自我感覺良好，而是試著以合理的方式看待自己的特質、能力、興趣，以及為人處事的道理。

我就是我，獨一無二、真真實實的我。在這個世界上，找不到百分之百複製、一模一樣的我。

【過動兒】

複製、貼上，問題解決得來速？

——別讓打架成為霸凌的前奏曲

「啪！」一聲，耀輝的爸爸用力甩了耀輝一巴掌。

對於耀輝爸爸突如其來的舉動，學務主任愣在一旁。

「幹！好事沒有，老是給我做一些丟人現眼的事，讓老子難堪！」耀輝摸著灼熱、紅腫的臉頰。他忍痛地含著淚，不敢吭一聲。

一旁的耀輝媽媽皺眉，苦著臉抱怨：「你幹麼在大庭廣眾前打小孩？這讓孩子很沒面子耶！」

「沒面子？讓我請假來學校跟對方家長賠不是，難道我就有面子？孬種，誰不欺負，竟然欺負班上的智障，真是去盡我的臉。」

耀輝爸爸打耀輝的手勁，與耀輝如出一徹，犀利的眼神有如凶神惡煞。

「這位先生，喔，是耀輝爸。你不要那麼激動，有話好好說。」主任試著緩解這頓時凝結的超尷尬氣氛。

「幹！你這小子，下次有本事，再給我惹麻煩試試看。我不扁死你才怪。」

耀輝依然強忍淚水，雙拳緊握，盯著地板。

「耀輝爸，別生氣。他們只是在玩，玩得有些過分而已。」

「玩？如果只是在玩，那麼通知家長來學校做什麼？你們以為我閒著沒事啊！幹！」

耀輝爸隨口將檳榔渣吐在剛剛揮孩子一巴掌的那隻手上。

主任啞口無言，只能尷尬愣在現場。

【陪伴孩子走出霸凌的傷】

留些面子，別在他人面前修理小孩！

在公共場所，我們很容易目睹大人「就地」處理孩子的情緒行為問題。就像在家裡管教一般，大人不顧一切，板著臉，拉高音量，恐嚇、威脅，或動起手來修理。這一點，總是讓我很納悶。是爸媽視若無睹，不管他人的存在，一切自然而然？還是父母氣到失去理智，忘了身旁眾人的圍觀？

從大人指責的口吻聽得出來，一切都歸咎於孩子的錯，才會引來大人心中這把怒火。任何的情緒都有存在的必要，只是我們得好好想想，這時，生氣的目的是為了什麼。而在處理眼前孩子的問題時，是否多少也得顧慮到孩子的面子？如果在眾人面前，讓孩子難堪，這對於孩子心裡的感受、自我的評價與自尊心，絕非好事。

我時常提醒父母，當帶孩子到外面時，有兩個地方，父母得要先想好與找好。一個是解決生理需求的廁所，另外一個是**較少刺激、干擾，以作為處理孩子情緒行為**

問題，或父母管教的地方。例如人少的角落、樓梯間、空曠無人的所在，又或是等回到家再處理，那也是可以的。

至少在這過程中，遭受圍觀的壓力會比較少一些，孩子也可以減少他人異樣的眼光。同時，少了干擾、刺激，也能讓父母燃起的憤怒情緒可以和緩一些。

不要在眾人面前處理小孩、修理小孩，這真的是不智之舉。這麼做，後勁很強，殺傷力很重，副作用很大。

這會讓孩子感到很羞愧；而且，當我們不給孩子面子，有一天，孩子也不會給我們面子。

別忘了，孩子會長大，我們會老，角色互換，相遇得到。我們怎麼對待他，他就怎麼回饋給我們。

擺脫打架，讓我們更有智慧地解決問題！

沒有人希望孩子打架。不過對孩子來說，在成長過程中，不管是自願或被迫，是自己發起或無奈得接招，無論孩子打贏或打輸，打架，似乎已成為成長的一段必經過程?!

打架這件事，不全然是孩子的專利。事實上，你會發現大人也只是透過合理化的方式來解釋自己的動手。

當然，孩子如果動手打人，難免得挨父母一頓打。同樣是打人（或打小孩），大人總是決定著解決問題的方式。但孩子啊！很抱歉，這卻不是你可以模仿、使用的，大人由不得你。

面對孩子打架，從幼兒園、國小、國中、高中……無論是父母或老師，總愛問孩子：「你為什麼要打架？」

但這麼問，像是在暗示孩子，只要找到一個理由說出來，不管大人認不認同，孩子就覺得自己沒事了，不需要承擔任何的後果與代價。

無論你問誰（大人與孩子都一樣），往往都歸咎給別人：「誰叫他，誰叫他，誰叫他……」你不覺得這句話，人人朗朗上口？事出必有因，反正千錯萬錯都是別人的錯。說完了，自己全身而退。

與其讓孩子將問題歸咎別人，不如改問問孩子：「你在做什麼？」讓每個人都說說自己，而先別扯到別人。

孩子得覺察自己的行為舉止，在乎行為的後果，並且思考除了打架之外的問題解決方

式。

讓孩子提醒自己，打架只是選項之一，同時很容易伴隨副作用，為自己帶來麻煩。對有些孩子來說，打架是一種刷存在感的方式。我打，故我在。至少兩人互打，或多人連線。我寧可被打，或打了對方，也不要像無形的空氣般，讓教室裡的同學們無視於自己的存在。

但有時，打架這件事也很微妙，打著打著，打到後來發現彼此竟變成玩伴，典型的不打不相識。但這麼說，並不是變相鼓勵孩子打架。

想一想，當孩子被人打了，到底要不要叫他還手回去？加倍奉還，十倍奉還？

如果孩子被打，他也很自然打回去，先不要急著告訴孩子這個行為是不對的。因為在那當下，也許孩子是基於自我保護。孩子打回去，也許嚇阻了對方下次不敢再動手。（前提是別造成對方傷害啊！）

打架終究是問題解決的方式之一，但我們絕不希望變成唯一。當然，更不希望打架成為霸凌的前奏曲。

至於如何解決問題？就讓親子之間腦力激盪、催化出好方法，並且將想出來的方法，刻意、反覆地演練，直到熟練為止。

【妥瑞兒】

Tic不定時炸彈
——引爆無情的霸凌？

「你再給我擠眉弄眼看看，小心我揍扁你！看了就讓人討厭。」

「對嘛，像隻小狗一樣，動不動就莫名其妙在那邊汪汪叫，吵死人了。」

「拜託，我們家的小狗多可愛啊！不要侮辱了汪星人。」同學們的冷言冷語，讓子軒感到極度的羞辱。

子軒感到很無奈。同學們警告他不准再這樣動不動就發出怪聲、做出怪動作。子軒何

嘗不想要好好地像一般人一樣？但問題在於自己沒有辦法控制。

子軒很清楚地知道，當自己緊張、焦慮、精神狀況不好、過度興奮、有壓力，這時就會不自主地眨眼、聳肩、齜牙咧嘴，或發出像貓頭鷹的怪聲。子軒自己也感到很難堪，可是又能怎樣呢？

同學們總覺得子軒是故意的，對他的這些行為非常反感，因此極盡羞辱。

「嗚嗚嗚……嗚嗚嗚……嗚嗚嗚……」當子軒忍不住發出聲音，馬上引來同學戲弄：

「哇！木柵動物園的貓頭鷹飛出來了！」子軒羞紅臉。

同學們長期地言語嘲諷，讓子軒對於上學這件事感到畏懼、退縮，他極度地想要逃避。

每當搭乘爸爸的車子，在即將抵達學校前，子軒就會不由自主地抽動。當下的他，不敢也不想下車，因此上學總是遲到。

子軒不想要在人多時走進校門，因為他受不了別人以異樣的眼光看他。但遲到之後，子軒也不敢走進教室。因為被眾人注視的目光，往往更銳利地直刺，令他心傷。

老師不經意地一句話：「我還以為你今天不來了呢，心想今天教室應該可以比較安靜地上課。」**聽在子軒的耳裡，更是難受。**

教室裡，不自主的抽動就像顆不定時炸彈，總是干擾了老師，影響著同學。子軒發現，待在教室裡，對於自己、同學和老師而言是三輸。如果自己消失在教室裡，對於大家來講，會是最好的三贏。

子軒該何去何從？

【陪伴孩子走出霸凌的傷】

當妥瑞症孩子眼皮跳、眨眼，他其實很不舒服

你真的了解妥瑞症同學為什麼要鬼吼鬼叫、擠眉弄眼、眨眼、聳肩或突然跳起來嗎？你可能不是那麼清楚。

如果你願意了解的話，我很想讓你知道，千萬別以為妥瑞症同學是故意要這樣。

你可曾知道當妥瑞症孩子的眼皮在跳、眨眼、搖頭晃腦、聳肩，這對他來說，是多麼的不舒服嗎？

你很難想像那種像被電流通過的感受。沒關係，**請試著想想自己曾經歷過的不舒服經驗**。

例如當蛀牙抽神經時，牙科醫師拿著鑽牙機器，在你口中不時地鑽。當下，你感覺到一陣痠痛。你不喜歡聽到那鑽牙的聲音，你也不想要嘴巴痠痛。

也許，你久久才看一次牙科，但你知道妥瑞症同學的不自主抽動，可能一天會有好多次。更何況，他還得遭遇像你們這樣的冷言冷語，而這種感受是多麼令人難堪、羞愧。

或許你們的用意就是要讓他難堪、讓他丟臉，這滿足了你們莫名其妙、自大的成就感?!

我真的想請你體驗妥瑞症孩子的不自主抽動。請外出十五分鐘就好，不管你到7-Eleven、全家、捷運站、麥當勞，或在校門口逗留也可以。在這些地方，請你三分鐘一次，來個不自主的抽動，休息一下，然後再三分鐘。

你覺得很累，甚至於大罵一聲：「幹！搞屁啊！」因為你覺得在眾人面前張牙舞爪、擠眉弄眼、發出怪聲是很丟臉的事情。

要不要試試看？我想，這對你是一項挑戰。你不見得有這樣的勇氣。頂多三分鐘後，你拔腿、快閃。

因此，如果要說誰的勇氣比較值得令人欽佩？那麼，我必須要講，妥瑞症孩子真的比你們令人佩服。

他們的抗壓性、挫折忍受力，絕對不是你們這一群欺負他的孩子們可以理解的。

如果你們有本事來捉弄他、嘲笑他，那麼，就先請你們有本事以這樣的姿態面對眾人。

我想你們應該都有打嗝、腸胃蠕動、過敏、咳嗽、放屁的經驗，這些，你都沒有辦法自主地控制。這些反應想來就來，無論你現在是處在眾人面前，還是私底下一個人。

你可以想想，當這些無法控制的生理反應突然在眾人面前出現，我相信你也會感到尷尬、難堪、無地自容，很想挖個地洞躲起來。當然，能夠窩在家裡最好。

感同身受不容易，除非你真的自己走過一回。

別認為我是刻意要諷刺你，我只是想讓你知道，霸凌他人是不會換來人家對你的尊敬與肯定。

我知道你們不太思考，但請想一想，這麼做的目的，除了滿足掌控的快感，博取他人的關注外，究竟還有什麼意義呢？

為了讓霸凌者感受到妥瑞症孩子不自主抽動所帶來的不舒服感受，讓孩子們試試看，不停地眨眼睛，且不要停下來。看看你們覺得累不累、舒不舒服。特別是你們敢在公共場所，也就是在大家的面前示範看看嗎？

一開始，或許你們會哄然大笑，會說：「別鬧了，很累耶，很丟臉耶。」沒錯，這一切真的是讓人感到疲憊，也難堪。

對了，進行這些演練時，請選擇在一對一的情境下進行，例如輔導室，也請避免在大家，或是妥瑞症孩子面前進行，以免在演練過程中，引起其他孩子或霸凌者的哄然大笑，而讓被霸凌者更加尷尬。

我們這麼做，並不是要讓霸凌者感到另外一種羞愧。**我們的目的是讓霸凌者感受被霸**

凌者的不舒服。讓霸凌者難堪，絕對不是解決霸凌問題的適切方法。

也請試著讓霸凌者說出，遭受他霸凌的孩子可能遭受的痛苦。

請走進被霸凌者的內心

或許你會抗拒，不願意踏進，但很抱歉，請走進來。

請記得，重點在於對方的痛苦。**霸凌者必須具體地說出，被霸凌者可能有的感受與想法**。

例如當被霸凌時感到害怕、恐懼，覺得這世界為什麼這麼不公平，老天爺為什麼如此對待我，對自我感到懷疑，不理解自己到底做錯什麼事情，心裡感到痛恨，想報復。

這麼做的目的，主要是讓霸凌同學深深去感受被霸凌者遭受自己的霸凌時，對他所產生的傷害。

或許你選擇忘記霸凌別人這件事，但被你霸凌的人卻一輩子都忘不了。

你真的傷害人了。

霸凌者，得要深刻地了解，他的行為舉止的確造成被霸凌者的身心傷害。這是毋庸置疑的。

有些孩子對於自己的霸凌行為不以為然，甚至輕描淡寫地說：「這在班上不是很普遍嗎？在校園裡不是也很常見嗎？誰叫他抗壓性那麼差？誰叫他要待在我們班，他應該到特教班去。誰叫他那麼白目，誰叫他那麼討人厭？」

沒錯，你會發現**許多霸凌者把問題歸咎在對方身上**。

接下來，我們可以問霸凌者：「如果是你的話，你會怎麼樣？」雖然許多霸凌者沒感覺、無所謂、事不關己，不把這個行為當一回事，因而雙手一攤，告訴你：「不會怎樣啊。不然，你叫他來欺負我。動手來打我，不就得了？」

的確，有些孩子是無法感受到別人的感受。雖然我們很期待霸凌者可以站在被霸凌同學的立場來感受，但是，這一點就如同隔著一座山脈一樣，是一種理想，有其困難。

不過，無論如何霸凌者一定得清楚了解，自己的行為舉止已經傷害到另外一個人。

站在我這邊

在遭受霸凌風暴的當下，如果這時有任何一位同學走過來，站在被霸凌者這邊，無論是開口：「我們別理他們。他們不懂的。」或邀請：「我們到操場玩鬼抓人。」甚至拉著被霸凌者的手，或拍拍被霸凌者的肩，安慰被霸凌者。

這一切所作所為，都會讓被霸凌者倍感溫馨。被霸凌者在心裡會非常感謝。

妥瑞症並非故意的

別幫霸凌者找原因，找理由。妥瑞症孩子請告訴自己，自己並沒有錯，妥瑞症並非是自己故意的。

對於妥瑞症孩子來說，如何看待別人對待自己的眼光及反應，將明顯影響到自己的情緒，以及接下來的行動。

我常常提醒妥瑞症孩子，我們沒有辦法控制別人對我們說什麼，但我們可以練習試著控制自己如何想，如何思考。

練習心情平靜

試著找到讓自己平靜的方式，好讓不自主的抽動可以緩和一些。

當發現不自主的抽動又來搗蛋，眼皮不時地跳，臉皮不時地抽動，試著讓自己閉上眼睛，讓心情靜一靜。讓腦袋放空，或是給自己一個放鬆的畫面，例如平靜的湖面、寬廣的草原。

讓心情平靜的練習，可以在平時就多做，因為當真的需要時，就可以馬上進入狀況。

對於太過興奮的刺激以及遊戲，妥瑞症孩子請適時地自我覺察，並維持適當的距離。因為太過興奮與焦慮，很容易誘發自己的不自主抽動。

殘忍的漠視

親愛的大人，你的漠視、不處理，任由霸凌事件持續加諸在妥瑞症孩子身上，是非常殘忍的。

是該讓霸凌事件停止了。別沉默，也別冷漠，你的不作為將讓妥瑞症孩子更感無力。

如果一個人的心死了，那麼就如同已被埋葬。
別認為霸凌事件會自然而然消失，不會的，**大人必須適時介入與妥善處理。**

【妥瑞兒】

直接又暴力的選擇

——別讓孩子成為大人眼中的雞肋

「各位同學，明天上午有外賓來學校參訪，校長、主任會帶領外賓到我們班看小朋友上課。明天記得都要穿好制服，有沒有聽到？」

「聽到！」小朋友們異口同聲，宏亮地回應。

「還有……」老師的眼神望向教室後面角落的小威。「還有小威，你明天看要不要先請假，待在家裡休息一天？」

「老師，為什麼……卡，卡，歐卡，卡，歐卡……」小威不解地問。

「因為……」老師吞了吞口水，欲言又止，不知道該如何解釋這一切。

「因為明天的外賓來訪對學校是重要的大事，所以……」

小威不時眨眼、齜牙咧嘴、甩頭：「卡，歐卡……但明天下午我有喜歡上的電腦課。」

「不然，你中午過後，再請媽媽帶你來學校好了。」

「可是，卡，歐卡，卡，歐歐卡，卡……」

【陪伴孩子走出霸凌的傷】

孩子的權利不該被剝奪

老師或許難為，也為難，但這卻深深傷了妥瑞症孩子的心。

我們總是期待將最完美無瑕的一面，呈現在眾人面前。縱使這個表象只是個假象，但大人們卻樂此不疲。

當你將特殊孩子視為異樣，不想讓他破壞大人們所要展現的美好成果，那麼就如同P

圖般，索性將他修了過去，略過他。當這個團體裡少了他，彷彿更顯完善。

沒錯，妥瑞症孩子不自主地抽動，無論聲音或動作，如同不定時炸彈般，讓在意表面的你與其他人都倍感壓力。

雖然眼不見為淨，但這卻是一種最直接，又暴力的選擇。

為了省卻麻煩，校外教學，跳過；電影欣賞，略過；音樂演奏會，索性門票就不給了。

情何以堪，為何孩子竟得承受權利的被剝奪？為何在老師的眼中，妥瑞症孩子竟然成了雞肋？

無知的訝異

仔細地想一想，當妥瑞症孩子在教室裡，到底會怎樣？當進行班級授課觀課活動，妥瑞兒出現tic抽動，為什麼會讓老師覺得是一種妨礙呢？

或許參訪來賓對於突然出現的tic會感到訝異，但這多少反映一件事：來賓們對於妥瑞症並不了解。

別讓妥瑞兒如坐針氈。這些孩子非常高敏感，我們大人的一言一行，都在在挑動著這些孩子敏感的神經，影響著同學們如何看待妥瑞兒，也決定妥瑞兒如何看待自己。

妥瑞症的內心之音

- 我真的不是故意的，但我無法控制那突如其來的不自主抽動。眨眼、聳肩、擠眉弄眼、臉皮跳動、突然間跳起來、發出怪聲，這些動作以及聲音都很短暫、急促、無法預期、不規律。
- 這些不自主的抽動讓我極度不舒服，那感受就像被電流電到的感覺。我不喜歡這樣，但我真的沒辦法控制。特別是當緊張、興奮、壓力大、疲憊、身體狀況不舒服時，這些不自主的抽動就會不請自來。

聯想自然音

我知道妥瑞症孩子在教室裡發出的聲音，往往會干擾到老師上課。但教室裡，也不是全然的真空，毫無聲音。

所以**何妨讓我們轉個念，將這些tic視為自然音？**例如聯想成教室外樹上知了的聲音、

風吹、雨落聲，或馬路上車子經過的聲音。

試著讓這些聲音轉變成背景音、自然音，我相信就可以降低老師覺得受干擾的程度。

請別在教室裡，當眾指責、糾正妥瑞症孩子的不自主抽動。這麼做，只會讓當事人更加尷尬、難堪。

不自主的動作不可能因此被壓抑。這麼做，只會讓孩子變得更緊張、焦慮，而誘發更多的不自主抽動。

原班可以做的事

多年來，在資源班、輔導室的團體課中，我發現各種特殊身心特質的孩子們會聚集在一起，進行社交課，以提升人際互動。

照理說，每個特殊需求孩子都有各自的弱勢，因此彼此排列組合起來，應該是狀況不斷才對。但現實的情況是，在資源班的團體裡，這些孩子們的相處反而更加融洽。他們彼此玩在一起，聊天、寒暄，樂此不疲。

不過當有些孩子回到原本的教室裡，班級導師發現孩子上了這麼久的團體課，為什麼在教室裡問題還是不斷，而質疑參與資源班、輔導室團體活動的成效。

面對導師的質疑，我會很委婉告訴導師：「請問老師開學到現在，針對小威在教室裡的人際關係，不曉得老師大概做了哪些努力，以改善小威與班上同學們的相處？」

沒錯，**我們大人**得要做一些事，**不能理所當然地認為特殊生應該自己需要改變**。

當特殊需求孩子回到原來的班級，面對相對能力優勢的一般生，為什麼反而在人際社交上更加出現問題？還是教室裡的一般生，迄今都沒有伸出友善之手，接納眼前的孩子？班級導師是否已引導一般生，與特殊孩子互動？

再次強調，**校園裡特殊需求孩子的協助，絕對不僅僅只是資源班、輔導室或特教班老師的事**。絕對不是。

自然的對待

對於妥瑞症孩子最友善的支持，是在於面對他們不自主的抽動時，我們可以很自然地對待他們。

這種情況，就像你發現同學戴上眼鏡、留了劉海或戴著口罩，你覺得很自然，你並不

會覺得奇怪。如果你願意，你可以試試看。

一種是你選擇讓他難堪，但這麼做，太容易了。另一種是你選擇發揮善意，讓妥瑞兒情緒舒緩，讓他的不自主抽動漸漸減少。妥瑞兒會因此微笑，感到自在的。

當你決定這麼做，那真的是令人感到欣喜與欽佩。同學，你真的是好樣的！

別讓老師成為海上孤島

沒有人可以置身事外。

身為班級的導師，當然有義務好好保護教室裡的每個學生。不過，當教室裡霸凌事件頻傳，這時不能單單把問題歸咎於導師的無能為力。

這**關係到整個校園環境裡，從校長到各科室的主任、老師們等如何看待校園霸凌這件事**。當然，若是特殊生遭受霸凌，也不會只是資源班或特教班老師單獨面對。在整個校園生態裡，每個人都有義務好好、嚴肅地正視校園霸凌。

・《校園霸凌防制準則》第二章第6條：

校園霸凌防制應由班級同儕間、師生間、親師間、校長及教職員工間、班際間及校際間共同合作處理。

對於班上的導師，當面對教室裡一般生霸凌特殊生，有時就像夾心餅乾，同時得面對上下的夾擊，無論是校內行政上的指責，或是一般生、特殊生家長的要求。

別讓班級導師成為海上的孤島，也別將所有的道德加諸在導師身上，這太沉重了。

在這裡，不只是文字的呼籲，而是希望每個人都可以把預防霸凌這件事，當成與自己切身相關。

別把這個燙手山芋丟給導師，這不公平，這也會讓老師產生複雜的負面情緒，例如焦慮、憂鬱、不安、沮喪等。

當教室裡有特殊學生時，相關的老師有義務了解每個身心障礙孩子的特質。這部分在召開個別化教育計劃（IEP）時，所有參與的相關老師及家長有義務，也有必要討論關於孩子的實際狀況。

讓孩子寫〈假如我是妥瑞症〉文章

我很想**讓孩子們寫一篇作文，題目是〈假如我是妥瑞症〉**（後面的疾病名稱，可以調整成注意力缺陷過動症、亞斯伯格症、自閉症、選擇性緘默症、學習障礙、智能障礙、資優生等）。

為什麼我想要讓孩子們寫這篇作文？因為當孩子想細膩地詳述自己內心想要說的話時，孩子就需要去揣摩這些疾病到底是怎麼一回事。

關鍵不在於這些疾病的生理病因，而在於面對這些疾病時，他們的身心所感受到的困擾與壓力。

讓班上的孩子們透過紙、筆，寫下〈假如我是妥瑞症〉的文章，再輪流朗讀，讓妥瑞症孩子有更多被合理了解的機會。

每個人都有自己的尷尬。**請同學們清楚地寫下哪些事情是自己無法控制的**，例如打嗝、腸胃蠕動、放屁、盜手汗、打噴嚏、咳嗽、眨眼、清喉嚨……這些反應很明顯地會讓其他人聽到、看到。當下，自己是如何自處，而不至於感到尷尬，又或能勇於接受自己的尷尬。

親愛的老師，如果你願意，請利用早自習與同學進行這項活動。我相信這項細微的改變，將讓友善氛圍充滿整個教室。這樣的教育，你不覺得讓人感到欣喜、滿意，同時也讓師生覺得美好嗎？

【妥瑞兒】

我不是故意的！

——別讓妥瑞兒受委屈

「你不要再裝模作樣了，怪裡怪氣。幹麼擠眉弄眼，還扮鬼臉？」

「對嘛，還會發出怪聲音。」

明勇刻意學阿喆，發出貓頭鷹的叫聲。阿州模仿起野狼嚎叫。大松則刻意模仿鴨子呱呱呱的聲音。

教室裡，大家鬧哄哄，笑成一團。

「怎麼班上變成動物園了？」老師走進教室，突然這麼一說，同學又開始拍桌、大笑起來。

這一切都讓阿喆感到非常尷尬、難堪、不自在。當下，他很想像地鼠般鑽進洞裡，或像受傷的羚羊，拔腿狂奔到操場。

阿喆不知道該如何因應同學們這樣言語的嘲諷。但他們說的沒錯，自己總是在教室裡發出怪聲、有怪動作，但這又不是自己願意的。

有幾次，阿喆大聲說：「我不是故意的！」但同學們完全不理會，也不當一回事。「既然你不是故意的，那你就好好安靜，不要扮鬼臉，發出怪聲。」阿喆還是想要再解釋：「我真的不是故意的！」但這句話，阿喆說了好多好多遍，就是沒有人可以理解。

最後，阿喆也不想說了。

沒有人可以感受自己的痛苦。當大家的目光持續投注在自己身上，就如同千千萬萬支的箭，往自己身上射了過來。很痛、很傷，卻沒有人了解。

「我就是不喜歡人家說我，我不喜歡人家把焦點放在我身上。我非常討厭人家談論我，特別是批評我、指責我、嘲笑我。當大家都在說我，會讓我感到非常焦慮、不自在，也會讓我厭惡自己。」

這是孩子的心聲，因此請別說孩子玻璃心，承受不住他人的批評。

【陪伴孩子走出霸凌的傷】

無法自己想停止，就能停止

「問大家一個問題，你們聽過妥瑞症嗎？聽過的同學，能不能舉個手？並且說說看你們對於妥瑞症的印象。」

我不曉得有多少同學會舉手。

「老師，我知道，就是眼皮會不時地跳，不時地眨眼，鬼吼鬼叫！」

「有時身體還會扭來扭去，像身上有蟲一樣。」

「會嘴巴張得大大的，像要把人吞進去一樣！」

「還會聳肩膀，跳起來唷！」

同學們對於妥瑞症的印象，還滿有基本概念。同學們也將妥瑞症孩子身上可能出現的症狀說了出來。

但同學沒有說的是，這些不自主的抽動，對當事人來講，是不能控制的，是無法自己想停就停下來的。

這是重點！我們需要讓同學們了解，妥瑞症孩子並不是故意的！

我不是故意的！

「各位同學說說看，你曾經做了哪些事情被指責、被責罵、被處罰，讓你心裡感受到很委屈、忿忿不平，因為你知道自己並不是故意的。」

「老師，有一次我要收碗盤，不小心滑倒，把盤子打碎了，當時被罵得很慘！」

「有一次在美食街，不小心手肘碰到後面客人的餐盤，結果把他的餐盤打翻了，食物灑落滿地。當下，我真的尷尬死了，但我真的不是故意的！」

「我還不是一樣。我把球傳給阿州，誰知道小雅剛好走過來，球正好打到她的頭，砰一聲，嚇死我了。」

「媽媽叫我照顧弟弟，那時我正在專心寫作業，弟弟很調皮地把玩具放進電風扇裡，電風扇突然發出喀喀喀聲，把弟弟嚇哭了。結果，我被媽媽慘罵了一頓。我又不是故意的，真的是很倒楣。」

我相信，孩子們有各種「自己不是故意」的生活經驗。試著彙整這些經驗，讓班上的孩子們了解，當自己情非得已，並不願意這樣做，但事情還是發生時，心中的委屈，是需要大家同理的。

妥瑞症孩子不自主地抽動，也是一樣。

妥瑞症孩子在情緒緊張、焦慮、興奮、激動時，不自主地抽動會更加地明顯。協助孩子在面對不友善的舉動時，緩和自己的情緒，降低不自主抽動的頻率、強度，陪伴孩子安全度過這些不友善的刺激。

請**讓孩子知道，當霸凌者在言語刺激自己時，自己內心裡感受到的憤怒、生氣、害怕、恐懼、委屈、不安、羞愧、難堪等這些感受，都是可以存在的**。只是如何讓自己將這些情緒，避免浮現於表面，而掉入霸凌者的陷阱。

對霸凌者來說，當他發現自己可以充分掌控你的情緒時，更容易催化成他繼續霸凌的誘因。

原來，我想要讓你怎樣，你就會怎樣。被霸凌者，如同霸凌者的布袋戲偶，任由他掌控、操弄而痛苦不堪。

充耳不聞，阻擋言語刺激

該如何讓自己臨危不亂，心情平靜？這並不容易，但我們可以在平時好好練習。

當眼前的刺激來臨時，請輕輕閉上眼睛，雙手交握，深呼吸，輕輕吐氣。在心中哼唱耳熟能詳的歌曲，或在心中默數1到100，又或反覆背著九九乘法表。

你會發現，當心情平靜下來，不自主地抽動也會漸漸地消失，它們不再湊熱鬧地跑出來搗蛋。

霸凌者就是想要透過言語來刺激你的情緒。面對這些惡劣的言語，如何充耳不聞，阻擋在耳際之外？當這些聲音響起，就讓自己的腦袋充滿熟悉的遊戲、卡通的畫面內容（好吧，就像嘮叨的爸媽在說教時，自己如何當作耳邊風，這概念是相同的）。

另外一招是，當霸凌者持續言語刺激，這時，我們只要**反覆說著一句話：「謝謝你的建議。」**多少也能讓對方感到無趣，拍拍屁股走人。

SOS！孩子面對人際關係，不得其門而入！

同儕關係對於孩子來說，是非常重要的一件事。

尤其到了青春期，孩子的重心逐漸從父母轉移到同學身上，他們開始尋求同儕的接納、認同。

在同儕之間尋找歸屬感、支持與寄託，這在青少年階段是非常重要的一門課。只是並非每個人都那麼容易可以從同儕中，獲得支持、接受與認同。有些孩子總是在門外徘徊，不得其門而入，有些孩子甚至是直接被拒絕在門外。

打不進團體，無法融入班上同學之間的對話。猶如隱形人或像空氣，只能無足輕重地呆坐在一旁。

孩子真的很想加入，只是在這過程中，太多的挫折讓孩子深深感受到在人際社交上的無助感，最後只能被迫一個人，在校園裡遊走。

這也讓周圍的人先入為主地認為，他一個人就能自得其樂，而不需要與同儕之間有何互動。

但這樣的一個人，其實是非常孤單、寂寞，只是心裡的苦，孩子很難訴說出來，讓身旁的人知道。

如果在這當下有一個人願意走向前，邀約孩子，一起互動或是說說話，分享彼此的一些樂趣，我相信這對孩子來說，曾是非常開心的。

有時，當孩子觀察同學的表情、眼神、說話的口吻、語氣或肢體動作，孩子往往容易將所見，想成是對自己不利的狀態。

高敏感並不是壞事，然而當我們的敏感同時伴隨負面的解讀，那麼，這時候的高敏感往往會對自己帶來麻煩。

對有些孩子來說，不曉得該如何和同學們聊天，或許在這之前，**孩子們可以**先拉開耳朵的天線，**搜尋這段時間周遭同學們所談論的話題，或許下回就能加入同學們的聊天裡**。

除此之外，不妨也引導孩子思考，自己對於同儕關係、朋友的定義是什麼。這沒有一定的標準，每個人的感受不盡相同。

每一個孩子對於朋友的定義可能不同。有些孩子可能覺得朋友會記得自己的生日、喜好的事物、厭惡的東西，或時常陪自己聊天、打球、討論功課等。而有些孩子可能會覺得能彼此訴說內心的祕密，能夠聆聽以及接受自己抱怨的才是朋友。

第三章

陪伴選緘兒、學障兒走出霸凌的傷

【選緘兒】

沉默的控訴

——孩子不說，不表示沒事

「你說話啊，你給我說話，是怎樣？你囂張、高傲啊，還不說？」小豔用力拉扯欣婷的頭髮。

欣婷彎下腰。她兩隻手抓著頭，一句話也沒說。

這畫面讓小豔越看越火大：「我就是超級賭爛她這種樣子。裝文靜啊、假掰，是怎樣？說個話是會死喔！你這個啞巴。」小豔甩了欣婷一巴掌。

一旁的妞妞、美英發出「喔……」

欣婷仍然抿著嘴，默默不語。

「你就別鬧她了啦。她怎麼可能會說呢？」

「幹，下次給我開口。否則我看一次，就打你一次。」

欣婷的淚水在眼眶裡打轉，她沒有哭出聲，內心卻不斷啜泣。

小豔這群人總是在課堂上，無時無刻地找欣婷麻煩。有時從旁走過去，會故意碰撞欣婷，再回頭瞪一眼：「是怎樣？石頭雕像啊！擺在入口是要幹麼？擋路啊！給我閃邊啦！」

欣婷沒有反駁，也沒有反應，但這不等同於她內心沒有受傷，沒有不滿。欣婷不敢說，不敢開口。回到家，她也不願意提及。

小豔這群人欺負欣婷的事，同學們都看在眼裡，但也都冷漠地不當一回事，就好像平行時空般。因為同學們知道，如果說出來，自己不會有好下場。

有回隔壁班老師撞見，問：「你們在幹麼？」

「我們沒有在幹麼啊！我們只是在幫欣婷整理劉海啦。欣婷，你說是不是？」

欣婷的眼神不敢直視老師，只是低著頭。雖然欣婷很想大聲地吶喊、求救，但原已薄弱的勇氣瞬間消失殆盡。

老師覺得有點奇怪，但眼見欣婷沒有開口，老師也只冷冷地留下一句話：「同學們，不要給我亂來喔。」而當老師轉身離去，欣婷的恐懼又籠罩住整個內心。

欣婷覺得沒有人知道自己內心的感受是多麼焦慮、害怕、怨懟與忿恨。她好想說，但又不敢說出口。

欣婷痛恨緘默的自己，懦弱的自己，無助的自己。

【陪伴孩子走出霸凌的傷】

權力不對等，謝絕對質

有些孩子害怕老師在處理霸凌時，是把霸凌者及被霸凌者兩人都叫來，讓被霸凌者在同學面前，說出自己被欺負的事情。

這種感受是多麼可怕、恐懼、不安。面對霸凌者的眼神，凶惡地看著我，他的那種嘴

角，我怎麼敢說出口。

因此，處理霸凌時，非常不適合將霸凌者與選擇性緘默孩子對質，這當中的權力相當不對等。

你可以想像，將說話咄咄逼人、強詞奪理的霸凌者與選緘兒安排在一起，想釐清問題的真相，但你想會有真相嗎？不可能的。最後只會剩下霸凌者的片面之詞，事件也會無疾而終，且**對選緘兒來說，這可是二度、三度傷害**。

沒錯，是該給霸凌者辯護自己言行舉止的機會，但請與遭受霸凌的選緘兒分開進行。別忘了，遭受霸凌的選緘兒是相對弱勢的，而且是非常弱勢的。

- 《校園霸凌防制準則》第三章第21條第二款：

學校調查處理校園霸凌事件時，應依下列方式辦理：

二、避免行為人與被霸凌人對質。但基於教育及輔導上之必要，經防制校園霸凌因應小組徵得雙方當事人及法定代理人同意，且無權力、地位不對等之情形者，不在此限。

筆談：寫出內心的話語

選擇性緘默症的孩子很難直接將自己遭受霸凌的經驗，告訴身旁的老師或同學。但為了讓選緘兒能說出來，我建議可以由父母在家裡協助進行。讓孩子在自在的家中，比較能將自己內心裡的感受說出來。

在學校，選緘兒若能夠口頭說出來，這是最理想的，但不容易。或許可以鼓勵孩子，試著以筆談的方式，將自己的遭遇、感受傳達出來。

不過這種關係的建立，在平時就需要有相關的老師做為互動的窗口，而老師也需要是孩子認為值得信任的人，才能建立起這樣的互動模式。

例如老師可以對孩子說：「老師知道，在班上開口說話這件事，讓你感到很焦慮、不安、困擾。或許在教室裡，同學們的不友善對待，也讓你感到相當地害怕、恐懼，或是憤怒、生氣。不過，如果你信任老師，你可以試著將你這次的遭遇，透過筆談的方式跟老師說。」

- 哪些同學對你會有不友善的舉動？

- 他們做了哪些行為，讓你感到害怕、恐懼？
- 這些行為大多發生在什麼時候？
- 他們在欺負你的時候，旁邊是否有其他同學在場？
- 這些目睹的同學，當時是否有一些行動？
- 你希望老師可以怎麼幫你。

詢問這些細節的目的，是在於讓我們能夠在班級中，充分掌握不友善的霸凌者在什麼樣的情境下，容易出現對同學的霸凌行為。在過程中，主要是分析霸凌者以及目睹霸凌者的言語、行為。

避免將問題歸咎於遭受霸凌的同學，所以**在當下，別問選擇性緘默孩子：「你做了什麼？」**這麼問，很容易讓選緘兒歸咎於是否自己當時應該做哪些努力，以及是否因為自己沒有做，才會被欺負，而這將**讓選緘兒再度感到挫折與受傷**。

孩子為什麼「不說」？

選擇性緘默症孩子的特質很容易成為在校園裡被霸凌的對象，但這不應該是霸凌者的

我們必須釐清霸凌者所欠缺的，
是父母的關愛？課業低成就？
缺乏歸屬感，或價值觀偏差，
需要被導正？

理由。沒有人有任何義務要被霸凌。

選擇性緘默症孩子在校園裡，很難找到一位讓他可以自在開口的老師，而這更加深孩子遭逢同學們不友善對待，在第一時間上，少了求助的機會，只能委屈地將這些負面經驗壓抑下來。

校園裡，是否有老師對於選擇性緘默症孩子的特質有充分的了解？是否有能同理、接納孩子，孩子也能信任的老師？

你可能會質疑：「孩子不說，我怎麼會知道？」

雖然孩子在教室裡，不是那麼容易開口說出自己的遭遇。但仔細留意，**孩子的眼神、表情、肢體動作，在在地傳達著求救的訊息**。這些訊息或許對你來說很微弱，但請試著敏銳觀察。

讓孩子感受到老師可以理解他在學校，對於開口說話這件事的壓力、焦慮與不安。

仔細地留意教室裡，那些容易欺負特殊孩子的同學們。這在班級經營上，老師應該可以很敏銳地感受到，而老師也可以將這些同學列入觀察名單中。這不是對同學們貼上標籤，只是平時老師的觀察。

試著找同學們聊一聊，聽聽他們對於選擇性緘默症孩子的想法，是否存在不合理的偏見、刻板印象，以及他們是否願意和選擇性緘默症同學互動。

讓選緘兒喘息

為了預防以及減少霸凌者出現霸凌行為，建議老師可以透過小組的安排，讓這些霸凌者在下課時間有些事情做。至少透過同儕間的監督，轉移這些霸凌者的注意力，讓遭受霸凌的孩子能夠有喘息的機會。

同時，安排幾位較友善的同學，和選擇性緘默症孩子同一組。藉由群體的方式，讓孩子感受到善意。

- 《校園霸凌防制準則》第三章第20條第1項第二款：

為保障校園霸凌事件當事人之學習權、受教育權、身體自主權、人格發展權及其他權利，必要時，學校得為下列處置，並報主管機關備查：

二、尊重被霸凌人之意願，減低當事人雙方互動之機會；情節嚴重者，得施予抽離或個別教學、輔導。

為什麼孩子不願意告訴老師？

◎求助，適得其反？

「對於小豔她們欺負你這件事情，你選擇不說，我想，你應該有所顧慮。你是不是擔心說出來之後，會帶來更糟糕的後果？」

為什麼孩子對於大人的處理，存在著不信任？又為什麼認為老師只會用「告誡對方」的方式來處理？

我們必須思考，當孩子向大人求助後，為什麼事情反而變得更加糟糕。在這種情況下，許多孩子乾脆選擇沉默。孩子心想，或許最糟糕就是這樣了，別再給自己惹麻煩了，越講，只會把事情越弄越複雜。

你有沒有想過，為什麼孩子對於大人解決霸凌事件如此沒有信心？

◎沉默不說的理由

你可以這麼做：**在班上，採不記名的方式，讓孩子們在紙上寫下，「當你被欺負的時候，為什麼不想跟其他人說？」以及「跟老師說了之後，你在擔心什麼。」**

- 反正說了也沒用。說了，只會讓自己更糟糕。
- 不說，只是被兩三個人排擠。說了，反而可能遭受更多人的霸凌。
- 說了之後，反而被老師指責。老師會說：「不是跟你講過很多次嗎？叫你不要跟他們玩，為什麼老是講不聽？」或老師會說：「你下次說話就要大聲一點。當場制止對方，直接告訴他：『你不能這樣子對待我。』知道了嗎？」
- 講了，好像所有的錯，都是自己造成的。

這些孩子們的心聲，我們聽見了嗎？

當遇見頑固型的選擇性緘默症孩子，該怎麼辦？

對助人工作者來說，例如輔導老師、資源班老師、心理師，在輔導選擇性緘默症孩子

的過程中，總是得面臨艱難的挑戰——眼前的孩子除了不說話之外，甚至身體動也不動。

我們如果將選擇性緘默症孩子的嚴重程度，以一道光譜來看，輕微的孩子也許在原班教室，只是說話聲音比較小聲、比較被動、語句比較短。非必要時，不主動開口說話。但除了說話之外，其他身體動作、課堂參與，有時與一般孩子沒兩樣。當然，這是相對較為輕微的狀況。

隨著光譜往另外一端移動，這時，我們眼前的孩子，除了不說話之外，就如同木頭人、雕像一樣，動都不動。這時，遑論要讓孩子開口。

當孩子身體不動，面無表情，也不願意坐下來，或不願意進行一些他能力範圍之內的事。這時要讓孩子開口說話，難度很高。

在這當下，目標的設定，**請先將讓孩子開口說話這件事，擺在遠遠的另外一端**。眼前的目標，是讓孩子在與我們見面的過程中，能夠維持一個比較放鬆、自然的狀態，或讓孩子了解自己的內在想法。

例如，進行純屬聽的活動，像是播放一些故事。故事內容的選擇，可以視孩子的年齡、狀況決定。例如年紀比較小的孩子，我們所播放的故事和他切身的問題可以比較沒有明顯的關係，反而是傾向於他感興趣或是相對有趣的內容。

至於年紀比較大的孩子，例如國中、高中等青少年，有些孩子會選擇逃避，不願意面對自己的緘默問題。

這時，在故事或影片內容的選擇，可考量與孩子的狀況相類似的他人生命經驗。在我們播放一些故事讓孩子聆聽的同時，也可以觀察孩子的身體動作、反應。

在播放的過程中，建議採取漸進式的做法，也可加入一些放鬆的活動，例如聽音樂。

同時，我會讓孩子了解，**雖然我們選擇不說話（情非得已），但我們的身體卻不斷地在告訴我們許多的事**。就像你的眼珠子會移動，你的左腳、右腳也會移動、擺動一樣。

如果孩子長期在輔導過程中都不說話，這時，我們可以適時地開口幫他說。不過，請提醒自己，此時並非強迫孩子開口說話，而是由我們說，並試著讓孩子了解他自己的內在狀態。

當孩子選擇不動，我們可以選擇往前靠近。但在這靠近的過程中，提醒自己，記得敏

感地觀察孩子的焦慮反應。例如身體不動的孩子，是否更加地僵硬。在過程中，採取系統減敏感的方式，讓孩子能夠逐漸地接受與我們之間的距離。

【選緘兒】

冷漠的袖手旁觀

——別讓選緘兒盡是傷痕

玉薇正蹲下來，想撿拾灑落滿地的課本、文具和筆袋，但莉莉卻刻意將腳往課本上一踩，泥巴印在書封上。

莉莉還故意撞倒玉薇的桌椅，一旁的同學們視若無睹，事不關己。兩兩互看手機上的IG、LINE群組，聊著最新款的髮型。

玉薇覺得自己在這個班上，就像幽魂般不存在。方琪、莉莉總是以作弄自己為樂，時而故意互丟紙團，再往自己的臉上砸了過來。玉薇的座位底下盡是紙團。

玉薇厭惡著自己的悶不吭聲。

「玉薇，請起來，回答這個問題。」老師似乎忘記一件事了，但沒關係，這件事，同學們會提醒老師。

「老師，你別浪費時間了。你又不是不知道玉薇像啞巴一樣，問她幹麼？」

老師聽聞後，賊賊地笑了一下：「對吼。好吧，方琪，換你說。」

玉薇低下頭，望著桌面。她的腦筋一片空白，桌子底下的兩隻手焦慮得像麻花一樣糾結在一起。

落寞、沮喪、憂鬱、尷尬、難堪、厭惡籠罩在玉薇心頭。她手腕上的割痕清晰可見。

【陪伴孩子走出霸凌的傷】

從對選緘兒的誤解中走出來

「你啞巴啊！怎麼不說話啊！」

「故作清高啊！以為自己高貴，不說話！」
「你踐什麼踐呀！問你，是不會回答啊！」

同學們，你是否對於選緘兒有什麼誤解。

同學們認為，開口說話不是很簡單嗎？但為什麼眼前的選擇性緘默症同學卻有困難。他們無法理解，也不見得想要理解。

但他們的惡劣言語，卻對選緘兒帶來傷害。讓選緘兒在面對教室上課這件事上，充滿著壓力。選緘兒莫名罹患頭痛、噁心、心悸、腸胃不適、想吐、頭暈等身心症狀。有些選緘兒不願意上學，產生懼學問題。如同消極反抗，無言抗議，但他們只是想讓自己免於遭逢同學們的惡劣對待，想讓自己遠離如同地獄般的教室，想讓自己有喘息的機會。

我相信，你們可能對於「選擇性緘默症」感到非常陌生。這不怪你們，許多大人也不甚了解。但如果讓你們了解選擇性緘默症同學的內心，是否你們就可以收起霸凌的舉動？

教室裡的孩子是否可以更良善一些？在我們的教育裡，如何讓孩子成為良善的人呢？

選緘兒想跟你說

- 誰不希望自己可以像同學一樣輕易開口說話，想說什麼，就說什麼，自由自在。
- 誰喜歡在教室裡，整天焦慮自己的聲音被聽見。
- 怕對方嘲笑自己說話太小聲、說錯話、聲音含糊，在意別人對自己說話的反應。這種莫名地焦慮，自己很難清楚說出來。
- 心裡有委屈、被誤解，需要開口說，但卻說不出來。那種煎熬，實在是他人無法想像。
- 有時，覺得自己像塊石頭一般，動也不動，總是引起同學們的側目、嘲諷。同學們問你話，你無法開口回答，只能看在現場，不知所措。自己的不說話，有時也換來同學的誤解，被視為高傲。
- 但實際上，卻不是如此。那種在眾人面前開口說話的焦慮，如火在心中燒，讓自己無法呼吸，很難喘氣。思緒中斷，腦袋一片空白，兩隻腳像黏在地板上，像樹根一樣往地底下蔓延，動彈不得，如石化般僵硬。

看見了，目睹了，為何沒有人願意伸出援手？

這讓許多被霸凌的孩子感到深深地挫折。為什麼在這世界上，自己是孤單的一個人？

縱使身旁眾聲喧譁，但一切卻事不關己。為什麼沒有人釋放出善意？

當孩子挺身而出，到底所承擔的風險有多少？會不會成為下一個被害者？

但別忘了，**目睹霸凌同學的身心也是痛苦的**。誰喜歡、誰希望自己竟然見死不救，如此的內心煎熬，痛苦的程度，並不亞於遭受霸凌者。

我們需要讓勇於站出來的孩子，能夠獲得全然地安全與支持，至少這樣的氣氛要在校園裡存在。

默默感謝在心裡

目睹霸凌者或許心裡會想著：「縱使我出面幫忙遭受霸凌的選擇性緘默症同學，但他也不會開口說一聲感謝啊。」

但，真的是這樣嗎？

我必須說，當周圍的人伸出援手，選緘兒的心裡將非常感激。至於孩子會以什麼方式來表達，每個人的方式不盡相同。

但我們的協助，目的在於讓眼前的同學遠離暴力威脅。至於對方是否開口說謝謝，這是另外一回事。

選擇性緘默症孩子的情緒需要一個出口，無論是透過口說、文字、繪畫等，引導孩子，把內心裡的壓抑、憤怒、不滿、委屈、生氣等抒發出來。

在被霸凌時，每一個人都有很複雜的情緒，這非常自然，但都需要被接受、被接住。

如何讓反霸凌不會流於口號？

每個人都需要好好地想一想，在霸凌這件事上，我們努力做了哪些事。

千萬不要歸咎於選擇性緘默症孩子，尤其是告訴選緘兒：「你應該要勇於開口，才能免於被霸凌。」

特別是父母及老師千萬不要如此認為，而這麼做，只會讓選擇性緘默症孩子面臨二度傷害。

但你還是會有疑問，當孩子表現出懦弱、畏畏縮縮的模樣，不是就很容易被同學們鎖定成為霸凌的對象嗎？

這麼說，看似有道理，但我必須講，當霸凌者真的想要霸凌你時，才不管你到底表現出什麼樣子。

孩子因為焦慮而緘默是一回事，但這並不能夠成為霸凌者霸凌的理由。

對一般孩子來說，平時鼓勵他們抬頭挺胸，講話落落大方，聲音保持宏亮，又或能勤加練習跆拳道、柔道、空手道等，讓自己看起來一副不怕你過來的氣勢。這對於預防霸凌，的確有其作用。

但別忘了選擇性緘默症孩子，當你要求他在眾人面前表現出這樣的模樣，這只會徒增他更多的壓力與焦慮，讓他更容易窘在班級裡，在眾人面前，如同石化一般，動彈不得。

一步一步來，稍安勿躁。先讓孩子免於在校園裡遭受霸凌，再逐漸陪伴孩子，緩和孩子的焦慮，改善自己在校園裡的緘默行為，雖然這是一項需要花費許久時間的大工程。

別急著催促選擇性緘默症孩子得回應我們的問題。當我們越急，越容易適得其反，讓這些孩子更加畏縮，不僅在面對霸凌者時感到害怕、恐懼，連面對助人的老師，孩子也可能感受到壓力。

到底要相信誰？當孩子遭受欺負、霸凌時，**我們最忌諱咄咄逼人地問遭受霸凌的孩子：「到底發生什麼事？是不是你怎樣……？是不是你如何……？」**

更粗暴的是，老師把霸凌的同學們找來，與遭受霸凌的孩子對話。老師看似想要釐清問題，但在這種情況下，這些霸凌的孩子總是會說出更多的謊言、理由與藉口，並且把問題歸咎給對方，讓遭受霸凌的孩子百口莫辯。

被霸凌的孩子心裡的委屈只能往肚子裡吞，沒有人了解。

請讓孩子在說的過程裡，能覺得自己是安全的，隱私是被保護的，孩子可以安心地把心裡的委屈說出來。

感同身受，好說難做

讓同學們嘗試一整天都不能說話，無論遇到什麼樣的委屈、被誤會，或自己有什麼樣的需求，都不能開口說話。（我想這個實驗，同學們撐不久。）

縱使老師問問題，自己知道答案，也不能開口。同學過來問他，或和自己聊天、寒暄，也不能說話。

讓孩子感受當一整天都不能開口說話，只能壓抑時，自己的心情、感受會是什麼樣子。

讓同學們了解，在演練的過程中，自己只是僅僅一天不說話，如果都感覺到痛苦難耐，受不了。那麼，你可以想像，對於選擇性緘默症同學來說，不只一天、兩天、三天在學校不說話，對他們來講，有時是連續好幾個禮拜、好幾個月都焦慮到無法順利開口。這種感受，你們可以了解嗎？

預防霸凌，最積極的做法就是讓班上同學們實際了解、感受眼前特殊孩子的身心特質。

你可以想像我們只是揣摩，都已經是那麼不舒服，如果今天換成自己是選擇性緘默症，那又是何等痛苦。

感同身受，四個字，說得容易，但真的不容易做到。

我不希望這四個字只流於口號，也不希望預防霸凌只是官方宣示，因為這樣是很難改善問題的。

我總是相信，在教室裡，當一般的同學先改變，肯定會讓特殊生在教室裡的適應也明顯獲得改善。

請不時地覺察自己的感受，以及別人的感受。

當孩子少了覺察，感受匱乏、遲鈍了，就很容易認為自己和班上的特殊生一點關係也

沒有。

這種情況，會讓特殊生感受到自己在整個校園裡，是一種孤單的存在。世界上沒有人了解我，沒有人願意陪伴我，沒有人願意伸出援手。你捨得讓同學們如此不安、擔心、害怕嗎？

別在遺憾之後，才開始想了解

我們總是在「她」死了之後，才處心積慮想要去探究，為何「她」選擇了自殺?!我們總是沒能在事情發生之前，就多一些時間去了解。

謎樣的高中生，心裡到底是在想什麼？沒人了解，在那一剎那，當事人腦海中最後浮現的究竟是什麼。

人言可畏，人言可畏，人言可畏。

言語像利刃，惡意中傷、不負責任的，就那麼輕易地刺進年輕學子的心。

你是否曾經思考過，自己所說的任何一句話、一個舉動，都可能帶來生命的不可逆，生命的消失？

死了一個女高中生之後，周圍的聲音，總是想要選擇遺忘。殘酷的是，在喧鬧之後，因為事不關己，所以很容易就被遺忘。但最終的答案，仍然需要……說出來。

這是我在看了韓國電影《死了一個女高中生之後》（After My Death，二〇一七）的感觸。一般的孩子面對霸凌都如此難熬、過不去，更何況是特殊孩子們。

【學障兒】

有些傷，不可逆
——請允許孩子選擇不原諒

「哇！你看，你看，史上最低的成績耶。」明雄把考卷拿得高高的。

「還我，把考卷還我。你太過分了！」志文憤怒地說。

明雄把考卷揉成一團，丟給阿陸。

阿陸拿到之後，攤開來看：「哇靠！考這種成績，哪能看啊！真是白痴啊。」

「你看上面寫什麼字，我怎麼都看不懂？」

「哪裡？哪裡？」小龍圍過來看：「天啊！這是什麼字啊！我讀幼兒園大班的弟弟寫得都比他好看耶。」

「沒辦法，人家不念書，當然寫不好啊！」

「把考卷還我！」志文大聲尖叫，但沒有人管他。大家繼續對著志文的考試成績指指點點。

同學們總是在沒有經過自己的允許下，就從自己的抽屜裡，把考卷拿出來四處張揚。這件事情讓志文感到非常羞愧，卻也束手無策。

「要不要我來教你呀？好好把字寫正確啊！免收學費喔！」

「拜託，他教不來的啦！老師都不會教了，你還會教喔。」

「程度這麼差！看不出來耶。」

同學們長期以來的冷言冷語，總讓志文感到心灰意冷。

【陪伴孩子走出霸凌的傷】

沒有人有義務原諒你

仔細地詢問霸凌者：「為什麼你道歉了、認錯了，就表示從今以後你不會再對同學霸凌？」

「道歉對你來說，是什麼意思，為什麼道歉了，你的行為就會改變？」

「請說服我們，合理地說服我們。在這事件之後，你努力了什麼，你又做了什麼，讓你深信自己會改變。」

絕對不是一兩句「對不起」，事情就圓滿落幕，不是那麼簡單的。

雖然你認錯了，但並不等同於對方一定有義務要原諒你。你必須要了解，對方需要很長的時間，才能慢慢地修復你對他的霸凌、傷害，甚至這些傷，可能一輩子都無法修復，也有可能傷害越來越擴大。

如何撫平學習障礙孩子內心的傷害？

請允許孩子可以有任何的情緒感受，無論是難堪、不安、委屈、生氣、憤怒、羞愧、焦慮、憂鬱、厭惡等，這些情緒感受都非常真實。**不要急著想要將這些情緒消除掉**。

孩子需要時間慢慢地消化、沉澱，轉化他的情緒。在這過程中，我們必須耐心地陪伴以及等待。

對於遭受霸凌的孩子來說，他也會疑惑，為什麼這些霸凌者會針對自己而來。或許如同他們所說的，自己真的是聰明的笨蛋、無法挽回的笨蛋。自己的能力表現真的如同他們所說的，就是那麼糟糕。

孩子的主觀感受很自然，但孩子的想法是否合理，這需要我們陪伴孩子，一起來澄清。

- 孩子，你不笨，只是大人們還沒有想到如何真正協助你。我相信只要找到適合你學習的方式，你依然有機會像其他的同學，做出符合自己的最佳表現。這是我們大人的課題，也是我們大人要努力的地方。
- 每一個人的學習方式都不同，更不是絕對。對你來說，一般的教育方式並不適合你。這沒有對、錯，只是適合不適合而已。
- 親愛的孩子，學習障礙不是你的錯！每個人的神經心理功能表現都不盡相同。對你來說，你在注意、記憶、理解、知覺、知覺動作、推理等能力有問題，這也讓你在聽、說、讀、寫或算等學習，與其他人相較起來，有顯著的困難。這一點，真是辛苦你了。

道歉，別強迫原諒

沒有人說當對方道歉之後，你一定要原諒他。對方道歉是一回事，被霸凌者是否接受道歉、是否原諒，又是另一回事。

別強迫孩子一定得要接受這樣的道歉。

老師千萬別說：「人家都道歉了，你還要怎樣？」「對方都道歉了，你還不接受？」因為這聽起來好像不接受道歉，是被霸凌者的錯。

誰說我們一定得要原諒對方？誰說我們一定得要和解？**被霸凌者有權利來決定這一切。**

大人在處理過程中，不能一廂情願，認為霸凌者只要道歉，被霸凌的孩子就只能欣然接受，然後事情就到此結束。

霸凌者的所作所為，對被霸凌者來講，都是長期的傷、永遠的痛。絕對不是對方三言兩語地鞠躬道歉、猛賠不是，就可以修復的。別強迫孩子接受。這麼做，只會造成孩子內心的二度傷害。

被霸凌者需要時間，當然最後是否接受，這又是另一回事。

大人在處理霸凌事件時，總是很急切地想要把事情解決。我們總是以對方道歉，自己接受，來作為事情的圓滿解決，但這麼做，太鄉愿了。

請尊重被霸凌者的感受以及權益，請允許被霸凌者慢慢修復自己被霸凌的傷害。至於要不要原諒對方，這對被霸凌者來說，並不是重要的事。

學習障礙對於一般人來說，並不是那麼了解。別說孩子了，有時連父母、老師都不一定對閱讀障礙、書寫障礙、數學障礙有清楚地認識。

因為對學習障礙的無知，衍生出冷嘲熱諷的言語，已令人傷心，**大人們請不要雪上加霜：「誰叫你不認真一點，不用功一點，不努力一些，好好讀書。如果你成績考好了，同學們就不會開你的玩笑啊，就不會笑你呀！」**這些話，千萬別說。

當你這麼一說，我可以斬釘截鐵地講，你對學習障礙的孩子一點都不了解，而且是非常不了解。

當我們這麼說，只會讓孩子遭受二度傷害。而這種傷害，並不亞於遭受同學們的言語霸凌。

同時，請記住一件事：霸凌者是不管你的成績好壞的，而且沒有人有任何義務因為任何事情遭受霸凌。

跳脫限制，使用輔具，別難為情

在教室裡，有些孩子受限於閱讀或書寫上的障礙與困難，往往在看待自己時，很容易妄自菲薄、意志消沉。他們的自信蜷縮在陰暗的角落，很令人心疼。

限制，令人卻步，但限制，並不等於孩子的全部。**讓孩子了解，每個人都有他的限制。**

例如有些人近視，戴起了眼鏡。這時，眼鏡成了輔助，讓他可以看得更清楚。

或許，戴眼鏡的人非常普遍，你我他可能皆如此，因此對於當事人或他人看待戴眼鏡這件事，並不會覺得奇怪或自認有障礙（除非你一時找不到眼鏡，障礙或許就來了）。

甚至，還會覺得戴眼鏡看起來挺有學問的，既文青，又有氣質。

對於有閱讀障礙、書寫障礙等學習障礙的孩子來說，他們比起戴眼鏡的人，數量來得更少，因此比較不容易被認識，也因此被不合理地對待，也經常發生。

但別讓限制，壓縮了孩子的自信。

請讓孩子了解，自己在文字閱讀、書寫上雖然有所限制，但總會有其他的替代方式，讓他們能破繭而出。

學習並不一定得要透過什麼方式，只要能夠找到適合自己的方式就可以。當然，這一點的前提是，父母與老師們都願意接受這樣的概念。

有閱讀障礙、書寫障礙的孩子們依然能夠學習、生活、工作，只要找到相對應的配套措施，或相關輔助，他們仍然能夠讓自己了解周遭事物，燃起學習的動機。別讓他們一直卡在文字閱讀或文字書寫上的困難，而對於周遭事物產生學習挫折，甚至自我否定。

當孩子有書寫障礙時，孩子雖然無法順利透過文字產出，但仍可以透過打字、口說或語音輸出等，進行表達。

拜科技之賜，現在有許多App應用程式軟體，只要把眼前的文字拍下來，就可以立即轉成各國的發音。

這種情況就像我們出國時，把一串的日文字拍下來，再透過App，就會發出日文發音。即使我們無法讀懂這些日文字，依然能夠與對方進行溝通。

App的發展，打破許多原先預期的限制，發展出更多的可能性。隨著科技產品的不斷精進，也讓有閱讀障礙、書寫障礙的孩子，開始慢慢搭配不同的App輔助工具。

請別難為情（想想戴眼鏡的人吧！），科技本來就是要善用，工具就是要找到最適合自己、最貼近自己的，這樣，許多的問題也可以迎刃而解。

【學障兒】

同是天涯淪落人

——讓同理消弭關係霸凌

「仲強，你確定要與子宜同一組？如果是這樣的話，那很抱歉，以後你就和他綁在一起囉，別再來找我們了。」大維堅決地說。

「可是……」

「別再可是什麼了，你是頭殼壞掉，是不是？別人不找，你選子宜那個文盲幹麼？拜託，我還以為這個世界上的文盲都已經絕種了。結果在班上，竟然還有一個，而你連那個白痴也要？」

「子宜不是白痴啦。他沒那麼笨！」

「笨不笨，還要你認證？如果你還在那邊猶豫不決，沒關係，後果你就自己承擔。但看在我們還是好朋友一場，別說我沒提醒你，否則成為笨蛋二號，就是你自找的。」大維語帶威脅、警告，讓仲強感到內心很不安。

雖然仲強並不排斥子宜，但如果選擇靠近他，那麼自己將與子宜被圈在一起，遭受排擠。

仲強並不想落入這種慘況。想著想著，仲強忍不住打了個哆嗦。

【陪伴孩子走出霸凌的傷】

別讓回力鏢打到自己

在關係霸凌裡，孩子們很容易以聯合他人的方式，來孤立、排擠特定的人。常見的是放話，例如「你敢跟ＸＸ玩，小心連你也遭殃。」

當同儕對學習障礙的孩子進行關係霸凌，將使得學障孩子在教室裡，更顯得孤立無援。難道在這個世界（班上），就只能全體將學障推到角落嗎？

你可以拒絕和對方成為朋友，但你不能限制、威脅別人想成為他朋友的意願。

你是否真正交往到所謂的好朋友？在你的內心裡，朋友是如何定義，是無所不談？兩肋插刀？彼此寒暄、聊天？記得你的喜好？一起討論功課？放學一起走路回家？彼此玩在一起？可以傾聽你內心裡的感受，聽你訴苦？

你可以好好想一想，當同學和子宜在一起，究竟和你有什麼關係。你可以選擇不和子宜當朋友，但你不能拒絕別人想和子宜成為朋友這件事。

如果有一天，你也成為眾矢之的，被眾人排擠，那又會是什麼樣的感受？或許你覺得不可能有這麼一天，但世事難料，有時回力鏢射出去之後，還是會彈回來打到自己。

同是天涯淪落人

當同學們無法了解閱讀障礙究竟是怎麼一回事時，不妨就讓我們**透過體驗的活動來感**

受。

老師可以將列著拉丁文、阿拉伯文、韓文、泰文或印尼文的一張紙，請孩子各選一張，接著讓孩子進行閱讀。

沒多久，你會聽到班上一陣慘叫、喧譁聲：「老師，上面寫什麼，我們怎麼看得懂？」「對嘛，看得懂才有鬼！」「老師，我們不會啦！」

沒錯，孩子們，我確定你們看不懂，但我想要讓你們了解，當看不懂時，你們的心情是如何，感受是什麼。

你們或許並不覺得如何，因為大家都看不懂。但如果就只有你看不懂，其他同學都可以理解，這時，你的心情又是如何呢？

特別是，當我問你上面寫的內容，你必須要詳細回答時，但你無法理解，也說不出來，那麼，我相信你會感到很挫折。

周圍的人的眼光也都在告訴你：「哈哈哈！你好笨啊！竟然看不懂。」被嘲諷的眼神一一射向你，讓你渾身不對勁。

我相信，你會感到很難受的。

同理，當大家都能看得懂中文的時候，對於有閱讀障礙的孩子來說，他們就是看不懂。此時，你是否能感同身受了？

薛西弗斯大石的滾落：習得無助感的無奈

- 我也想要像同學一樣，在努力之後，可以輕鬆地閱讀，並理解課本以及課外書上的內容。
- 我也想要像其他同學一樣，拿起筆，順利地將已經知道的答案寫下來。我也想要像其他同學一樣，可以在時間內完成作業，並將自己心裡想要說的話寫下來。
- 常常有人嘲笑我，是聰明的笨蛋。這樣的誤解，讓我很尷尬、難堪。我不笨，但是成績出來就是讓人家覺得不用心、不努力，我在班上的排名總是墊底。
- 誰不想要擁有好成績？誰不想要努力就有好的改變？但我就是沒辦法聽、說、讀、寫。
- 我自己也說不清楚到底問題在哪裡。事實上，周圍的大人也常常懷疑，我是在逃避，找藉口，一切都是因為自己不努力。我很難說服其他人，這一切並非我自己願意。
- 別人從外表看我，總是疑惑我到底哪裡有問題，但我的表現就是不如人意。
- 別再告訴我，哪裡跌倒，就從哪裡爬起。當我跌進那個洞裡，不論再怎麼努力，就是看不到洞口，更別想爬出洞外。

- 我多期待能夠在學習上好好表現，但卻無能為力，就像希臘神話薛西弗斯推著大石頭上山頂，接著大石頭就又滾下山一樣。就這樣來來回回，一次一次又一次。我累了、倦了、疲憊了，心也死了。我讓自己躲回黑暗的洞裡。

轉念預防針

我經常告訴自己，也告訴身旁的孩子們，**我們不能決定別人要對我們說什麼話，但我們可以決定自己要如何來解釋這些話**。

沒錯，身旁的同學們到底會使用哪些冷言冷語來嘲諷自己學障的問題，這一點，自己完全無法決定，而這些惡劣的言語、字眼，也不會消失。

試著和學障孩子討論，如何在自己的內心裡，先打上預防針。當我們已經知道周圍的人可能對自己說出哪些話，我們就可以練習如何來轉換這些話。別忘了，解釋權在自己的手上，端視我們要如何想。

- 你這聰明的笨蛋！（→這句話已經聽多了，免疫。）
- 你學渣啊！竟然考這種爛成績？（→雖然我筆試成績不理想，但是我很滿意自己的口試成績。）

- 天啊！都幾年級了，竟然連這些國字也看不懂？（↓我的學習方式是用聽的，或用影像來加強，很有效果喔！）
- 你到底會不會寫字？根本在鬼畫符，看得懂你寫的就見鬼了！（↓我打字速度很快，口語表達也很流暢喔。）
- 你學障喔！（↓真的耶，你怎麼知道？請問你對學習障礙了解嗎？）

多和孩子腦力激盪，也不妨把這些言語收集起來，再逐一破解。相信我，反覆地練習，當刺激來臨時，你一定有辦法在第一時間翻轉成對自己最有利的解釋。

無論同學們怎樣的冷言冷語，我們就是有本事**把它翻轉，成為合理又正向的解釋**，讓自己不受這些言語霸凌摧殘。平時的防颱措施可以做得很踏實，滴水不漏。

面對同學的冷言冷語，當孩子可以心平氣和地回應（沒錯，這一點真的很不容易，平時需要加強練習），也可以抑制部分同學的言語刺激，讓對方摸摸鼻子，自討沒趣。

先在自己的心裡打上預防針，將過往可能遭遇到的言語刺激，進行重新轉譯。讓孩子

了解說這些酸言酸語的同學，根本對於學習障礙並不了解，而自己是否需要隨他們的言語起舞，就暫時保留了。

對孩子來說，自我概念以及自我接受度的形成，除了來自於外表、興趣、能力、所認識的人之外，其他人對於自己的評價，也影響自己如何看待自己。

別讓別人的評價，影響對自己的評斷。我再次強調：我們沒有辦法堵住對方的口，但卻可以選擇用自己的方式來解釋。一切，我自己說了算。

親密的傷害，最是令人心痛

一位國中女生在家上吊自殺了，且沒有留下一句話?!

當孩子在班上僅有一個朋友，而原本以為的好友，人前人後，卻是兩個模樣。

孩子在班上遭受全班的排擠、孤立，不曾停止。言語霸凌，不時撕裂自己與同儕的關係，也撕裂了自己的心。

言語就像一把利刃，把人逼到絕境。一股壓抑在內心，不為人知的祕密。

韓國電影《優雅的謊言》（Thread of Lies，二〇一四）是一部沉重、寫實的校園霸凌電影，推薦給遭受霸凌，霸凌他人與目睹霸凌的孩子、家長與老師們。

請別再漠視霸凌，因霸凌正啃噬著孩子們的心靈。

第四章

陪伴智障兒、資優兒走出霸凌的傷

【智障兒】

你可以不是英雄，但請挺身而出！

——霸凌會因你而消失

「你笑屁啊！笑什麼笑？再笑，我就扁你！」阿勇舉起手，作勢朝小玄揮下去。小玄笑中帶著恐懼，直嚷著：「不要打我，不要打我，你不能打我。」

「你再講，我就真的打你！」

「不要打我，不要打我，你不能打我。」

「幹！叫你不要講，你還講？」阿勇用力推了小玄一把，小玄頓時往後倒，重重摔在地上。他大聲哀號。

「你不能打我，你不能打我，你不能打我。」

「幹！你能不能講一些人話？老是講這些話，白痴、笨蛋啊！」

「你也拜託，他就真的是白痴、笨蛋啊！你又不是不知道，你沒看他要到資源班上課。」

「說的也是。我最討厭和這種白痴在同個班，降低我的格調。」

「好啦，好啦，厲害的人就別跟智障計較嘛！」

「幹！越看越賭爛！」阿勇又舉起手，作勢要打。小玄本能抬起手，想阻擋。

「反應還挺快的嘛？」阿勇朝小玄用腳重重踹了一下，又讓小玄痛得哀叫。

【陪伴孩子走出霸凌的傷】

保護弱勢，而非欺負弱勢

具體地讓霸凌者知道，把你的能力用來保護，而不是拿來欺負。

如果你真的有本事，你應該保護弱勢，抵抗強權。如果只會對弱勢同學落井下石，這樣的本事也只是柿子挑軟的吃，普普通通而已。

這倒不是要酸霸凌者，而是讓他了解，請將自己的影響力或氣勢，應用在幫助弱勢者身上，而不是讓弱勢者更加地處在劣勢。

挺身而出與裹足不前

你可以不是英雄，但可以挺身而出！

當你看見弱勢的智能障礙孩子被欺負，或許你正猶豫要不要介入，管閒事（這樣的概念真的不應該傳遞給孩子啊！）。你可能處在矛盾裡，舉棋不定，但我想你一定有自己的顧慮。

我想在你的心中，存在著許多的猶豫、害怕、恐懼。你擔心當你選擇挺身而出時，可能會因此遭受霸凌的流彈攻擊，成為炮灰？

或許你認為這樣的機率不低，因此讓你裹足不前。

眾神出列

一個人，如果真的不敢挺身而出，那麼兩個人、三個人，甚至是更多人呢？

這時，你們是否願意壯大聲勢，三三兩兩，擋在霸凌者與智能障礙孩子之間，阻止眼前的霸凌事件？還是最後仍選擇事不關己，冷漠以對？

建立保護神的概念，賦予同學們保護弱勢的角色，不讓孩子孤單一個人。請勇敢站出來，

眾神出列，讓智能障礙孩子身旁有人陪伴。

快速鑑別

有些霸凌者會告訴對方：「我們是在跟你玩啊！」這讓智能障礙孩子很難區分，什麼叫做玩，什麼叫做被欺負，什麼叫做被霸凌。

引導孩子感受，當對方的行為舉止，如果是讓自己感覺到開心、愉快、高興、快樂、興奮，這時玩的成分就會比較高一些。

但如果自己的感受是害怕、生氣、不安、恐懼、討厭等，這時就不是一場遊戲。這些

不好玩的事，反映自己正在被欺負，霸凌漸漸逼近。

限制距離

當班上特定同學總是欺負智能障礙孩子，這時，**老師應該做的是：讓霸凌者先遠離智能障礙孩子**。

我們的立場，必須要清楚地讓霸凌者知道——限制霸凌者接觸或接近智能障礙孩子。

做法看似消極，但在霸凌者的行為尚未改善之前，這是必要的處置之一。讓霸凌者遵守與智能障礙孩子保持一定的距離。

假如霸凌者對於老師的要求、指令，不當一回事，依然我行我素，照樣靠近智能障礙孩子。這時，你可以想像後續霸凌行為將一而再，再而三地發生。

當導師無法進行約束時，校內行政人員需要介入，例如學務主任、生教組長等，需要馬上就戰鬥位置。

開啟逃生開關

為了讓智能障礙孩子對於危險情境能更加了解與掌握，請引導孩子想想感受害怕的情緒，會出現在哪些情境。

當孩子能夠覺察目前正處在害怕的情緒狀態，那麼就是警報響起。孩子需提醒自己，得武裝起自己，並準備遠離眼前的危險情境。

當孩子發現，眼前的同學讓他感到害怕時，孩子就得開啟逃生開關，採取遠離的方式。

我們不知道下一個霸凌者在哪裡，是否永遠消失，但平時多增加孩子面對危險處境的能力，絕對是好事。

不間斷沙盤演練

讓智能障礙孩子了解，**當遇見在班上容易欺負自己的同學（霸凌者），這時最安全的做法，就是立即遠離**，盡量往人潮多的地方移動，例如前往學校辦公室或教室找老師。

對於智能障礙孩子，想要讓他們遇到事情時，就做出我們之前對他們提醒、叮嚀的回應，我們就不能只是記憶性的告知，而是在平時就必須不間斷進行沙盤演練。例如讓智能障礙孩子勤加練習跑步，除了強身，也可以在日後當遇到不友善同學接近，智能障礙孩子就能立即起身而跑。

別掩飾孩子被欺負的事實

當孩子被欺負時，父母與老師千萬別告訴孩子：「人家是在跟你玩啦！是在跟你開玩笑啦！」很抱歉，這一點都不好玩。千萬別掩飾孩子被欺負的事實。

別讓孩子在校園裡落單，他不該是一個人獨處。身旁多一些友伴的支持，一定能降低智能障礙孩子被欺負的頻率。

別再說「誰叫你……」

「媽媽，我都沒有朋友，都沒有人和我玩，也沒有人想要和我說話。每個人都討厭我，看到我就走開。」

當父母聽到孩子說了這些話，內心總是感到心疼，但卻也無奈，不知該如何是好，也

不知該如何安慰孩子嗎？

孩子到了學校、安親班或社區，如果沒有玩伴，那麼心中的感受，無論是傷心、難過、無奈、沮喪、生氣、憤怒，確實會牢牢把孩子困住。

有些孩子不想去學校，不願意上安親班，或整天想待在家裡，足不出戶，也不願意到樓下中庭玩。

面對孩子抱怨沒有朋友，請先全然地接納孩子的感受。先不要批判、指責或糾正，這最是忌諱。

當我們對孩子說：「誰叫你，講話那麼直，讓人家覺得不舒服。」「誰叫你，那麼衝動，老是不遵守遊戲規則。」「誰叫你，成績不好一點，難怪人家不願和你同一組。」「誰叫你，誰叫你，誰叫你……」

「誰叫你」這些話對孩子來說，不僅沒有幫助，反而更將孩子推向痛苦的深淵。孩子會不願意再和父母談起任何事情，將心門牢牢鎖住。

大人請回想自己的求學經驗，或許就比較容易感同身受，也比較能理解眼前孩子在人際需求不被滿足的情況下所陷入的困境，與衍生的複雜情緒。

不過，你心中或許仍有疑惑，心想孩子是否存在了一些問題，讓同學們感到討厭，而不願意和自己成為朋友。

你心裡可能在想，當孩子改變了情緒、行為、學習表現，同學們願意與其結交成為朋友的意願就會高一些。

沒錯，改變很重要，這確實是關鍵。

但此刻，當孩子來跟我們訴苦說他沒有朋友，請暫時先不要去觸及這個議題。不急於馬上要讓孩子覺察自己的行為，哪些需要糾正。

在接納孩子的情緒，同理孩子的感受之下，我們可以問問孩子，孩子希望爸媽能夠為他做什麼，或問問孩子，是否先從身旁的同學中，選定一兩位，先試試與自己互動？又或孩子自己可以先調整哪些事，例如在一旁專心聽別人說話，或是開啟一些同學會感到有興趣的話題，又或是主動詢問對方是否需要幫忙等等。

人際的互動很複雜，也很難一廂情願的認定，然而對孩子來說，人際關係卻是生活中、學習裡，無時無刻得面對與接觸的事情。更何況，孩子在人際關係上的需求，也需要被滿足。

試試看，讓我們與孩子一起努力，讓孩子多交些朋友吧。

執行小天使計劃

老師在執行小天使的計劃中，可能會遇到挫折，因為一般孩子缺乏想要了解眼前特殊需求孩子的動機。

有些孩子會抱怨，為什麼我不能跟其他同學玩，跟智障兒玩，一點都不好玩。有時智障兒也會有情緒行為問題，讓自己很挫折。

這些原因，大大降低一般孩子和特殊孩子互動的可能性。除此之外，一般孩子也會抱怨，當自己和特殊孩子一起玩時，連帶地，別人也不想跟自己玩。

這讓老師開始思考，是否對這些小天使要採取一種外在的誘因，例如給獎勵、點數、記功嘉獎，來鼓勵同學們與這群孩子互動？

但也讓我們換個角度思考，當特殊孩子知道他眼前的小天使跟自己玩的目的，是為了獲得這些外在的獎勵時，這對特殊孩子來說情何以堪。

孩子不禁會懷疑，自己與同學之間的人際關係，真的是一段情誼？還是對方為了達到他所想要的獎勵的一種目的、手段？

同樣地，我們到底能不能強迫一般同學非得與特殊孩子一起互動，特別是在下課時間，或是放學之後？

這讓老師在理想與現實，想法與執行當中，面臨很大的挑戰。

沒錯，這的確是在實際運作上可能會遭遇到的困難，因此**在尋找小天使的執行上，會以本身願意、樂意、接納周邊特殊孩子的一般孩子為優先**。

每個孩子對於特殊孩子的接納不盡相同，這牽涉到每個孩子的家庭教育，以及學校教育灌輸給孩子的想法與概念。

當孩子樂於接受身旁各種不同特質的同學，對於「不同」這件事情，保持著一種開放、友善的態度；懂得去欣賞每個人獨特的能力以及特質，不會以別人跟我們不一樣，就認定對方是好、壞的二分法，或否定對方。

當然，如果我們有機會，讓這群特殊的孩子被同學們看到他們的優勢、特質，我相信多少可以增加一般孩子願意和特殊孩子一起玩的動力和意願。

【智障兒】

穩賺不賠的遊戲？

——當智障兒被推入陷阱

「阿堂，你趕快過去跟悅悅說：『悅悅，我愛你。你做我的女朋友，好不好？我可以跟你結婚、生小孩嗎？』」小飛一說完，同學笑成一團，並用力將阿堂推向前。

阿堂笑嘻嘻地朝著悅悅走了過去。座位上的悅悅低下頭。

「趕快說啊，趕快說。阿堂，你趕快跟悅悅說，不然悅悅不理你唷。」

在小飛的慫恿下，取得智能障礙特教身分的阿堂，站在悅悅面前開口：「悅悅，我愛你。」一說完，大家開始鼓譟。

悅悅羞愧地趴在桌上，低聲啜泣。

「你們在幹麼？阿堂，你這個變態，噁心死了。你再這樣，我要跟老師說。」一旁的明娟受不了。

阿堂傻乎乎地笑著，他轉頭看著，小飛揮手示意，要他示意繼續說。

「悅悅，我愛你。你做我的女朋友，好不好？我可以跟你結婚、生小孩嗎？」

頓時，又讓同學們笑成一團。

「在一起，在一起，在一起。」同學們鼓譟著。

阿堂也樂得拍手直呼：「在一起，在一起，在一起。」渾然不知自己做錯了什麼事。

班上有一群同學喜歡刻意捉弄阿堂，因為他們很清楚知道阿堂傻乎乎的，很聽話。只要叫他做什麼，大概都會跟著做。

同學們喜歡看熱鬧，挖了個坑，讓阿堂往下跳，讓阿堂鬧笑話，阿堂也樂此不疲。阿堂發現同學們都笑得很開心，他也覺得開心。

【陪伴孩子走出霸凌的傷】

百口莫辯，獨自承擔

在教室裡，總是有些同學會鎖定特殊孩子，例如針對智能障礙孩子的弱點，捉弄、操控，要他們做出一些愚蠢的舉動，讓同學們開心。

智能障礙孩子很難分辨同學的這些舉動到底是善意或惡意，但可以確定的是，當順著同學們的要求去做，在過程中，眾人開心，但最後卻會給自己帶來麻煩。

面對這樣言語的騷擾問題，老師要處理的，不僅僅是智能障礙孩子，還包括班上那一群慫恿、主導的霸凌同學們。

始作俑者，需要承擔該有的責任。

只是這些同學很聰明，他們懂得保護自己，懂得迴避責任，不會遭受老師的懲罰。他們知道只要大家把矛頭全指向智能障礙孩子，把問題全歸咎給智能障礙孩子，一切就沒事了。

他們吃定眼前的智能障礙孩子沒有能力反駁，只要大家口徑一致，把問題丟向他，智能障礙孩子就百口莫辯，得獨自承擔。

讓我們好好思考「為什麼這些孩子敢欺負智能障礙同學？」是因為這樣的欺負，滿足了自己偏差的欲望，操控人性，尋求關注，眾人尋開心，且不會對自己帶來任何後果，一種穩賺不賠的遊戲？

笑點在哪裡？

也許你們覺得眼前的同學就是笨、蠢、阿呆，但你們有思考過，這是他願意的嗎？

當你們覺得眼前智能障礙同學比自己笨，你們都比他聰明，那麼就試著教他成熟一點的行為。

如果你們教不會，到底是他笨，還是我們也沒那麼聰明？

我必須再次強調，無論孩子笨不笨，都不該成為你們霸凌、捉弄他的理由。

面對霸凌者，我們必須思考這些孩子這麼做，背後的用意是什麼。不見得每個孩子都能清楚覺察自己為什麼要這麼做。

霸凌者需要了解人與人之間，其實是可以彼此善意地對待，如果想要獲得別人對自己的關注，他必須要採取合理、適切的方式。

我們必須進一步**釐清霸凌者所欠缺的，是父母的關愛？課業低成就？缺乏歸屬感，或**

價值觀偏差，需要被導正？

輔導霸凌者，不能單純只是對孩子講道理，必須告知霸凌行為產生的嚴重性，同時讓霸凌者清楚知道他的所作所為已造成傷害。

如果是想要獲得別人對自己的關注，吸引別人的目光，有許多種方式與選擇。不過對霸凌者來說，卻選擇最輕易、最直接、最低成本，但卻最具殺傷力的方式，也就是欺負教室裡的智能障礙同學。

掀開覺察力

霸凌者得要好好思考對方的感受，以及自己與對方之間的關係。雖然你可能會覺得很無奈，因為這些霸凌的孩子根本沒有感覺。

當霸凌者對自己的言行舉止沒有任何的覺察，也沒有任何的思考與反省時，要阻止霸凌現象的發生，只能緣木求魚。

他是我的好兄弟

讓同學們寫下來，當阿堂是自己的兄弟姊妹或好朋友，當他們遭受霸凌時，自己會怎麼做。是否會有勇氣站出來，擋在他前面，保護著他？並且大聲對眼前這些霸凌同學說：「我不准你們欺負他！」

當然，在練習過程中，很容易遇到孩子聳聳肩，告訴你：「我不知道。我不會寫。」沒錯，但親愛的孩子們，就是因為這樣，才需要叫你寫。

正向行為模仿對象的設定

由於智能障礙孩子雖然能夠模仿，但在區分模仿對象的行為是非對錯的判斷能力上相對薄弱，因此在班上，設定特定的正向行為模仿對象（孩子的好朋友）就顯得非常重要。

在身分的設定上，這些孩子能夠接納智能障礙孩子，同時願意與智能障礙孩子對話、互動。

別讓老師成為海上孤島

身為班級的導師，
有義務好好保護教室裡的每個學生。
不過，當霸凌事件頻傳，這時，
不能單單把問題歸各於導師的無能為力。
這關係到整個校園裡，從校長到各科室的主任、
老師們等如何看待校園霸凌這件事。

很抱歉，沒有人願意?!

親愛的老師，請千萬別說：「很抱歉，班上沒有小朋友願意和智能障礙孩子當朋友，我想要做，但也無能為力。」

在教室現場，這現況令人不勝唏噓。

如果一個班級裡，二、三十位學生中，都沒有人願意挺身而出，那麼，我們的教育到底教出什麼樣的孩子。

這絕非道德上的施壓，而是回歸到家庭教育以及學校教育如何引導孩子合理看待身旁不一樣的身心障礙朋友。

溫暖，依然存在

欣慰的是，如果班級裡最後選出了兩三位小朋友（提醒自己，小天使不要只有一位），如同天使般溫暖的同儕，來扮演他們正向的角色。不需刻意，只要他們自然發揮即可。

讓智能障礙孩子眼前所觀察到、學習到、模仿到的，是適切的人際互動、社交技巧、

口語表達的詞彙與內容。例如與對方講話時，眼睛如何看著對方（在對方的兩眼、鼻梁上方游移），如何保持社交距離（一隻手臂的距離），如何事先徵詢對方的意見，並使用正向語句的表達。

孩子學了之後，雖然容易忘，但對智能障礙孩子來說，如同存績優股的零股般，慢慢來，假以時日，就可以看到孩子正向行為的複利效果。

這麼做的目的，是**讓智能障礙孩子學習到，他只模仿特定的好朋友**。當不是他特定的好朋友，講了一些話或要求他做一些事，就可以引導智能障礙孩子了解：我們還不是好朋友，不能學他的行為。

真正的好朋友，是不會陷自己於不義的。

我是被害者嗎？

這個社會很複雜，在班級教室裡，也是一樣，人與人之間很難用善、惡二分的方式。

當然，我們並不是鼓勵孩子對人採取懷疑、不信任的態度，只是對於智能障礙孩子來說，他們要去判斷對方說話內容的真實性，會比較困難。

對於智能障礙孩子來說，當他們被欺負、被開玩笑，甚至同學們故意以說謊的方式來對待時，他們可能並沒有覺察到自己正遭受同儕惡意的霸凌。

他們有時會認為這是一種互動，因而誤解同學們對他都是好心好意。孩子們沒辦法合理判斷這複雜的人際互動關係，同學們也刻意以當事人的弱點來欺負。

如何協助孩子，判斷自己正處在不友善的環境當中？如何讓孩子去感受、去覺察自己，正陷入惡劣的人際互動環境？

誰是被害者？當孩子本身沒有感受到自己受到傷害，那麼，是否他就真的沒有遭受到霸凌呢？但這就是問題了。

當惡意的行為已經燃燒到自己，但是當事人卻沒有感受到自己正陷入危險的情境，即將被大火吞噬。

孩子必須要有能力，覺察到自己正遭受危險。

對於智能障礙孩子來說，在面對社會情境的判斷上，他們需要範本。我們可以試著詳細地列舉在什麼情況下，自己正遭受言語霸凌、精神霸凌、肢體霸凌、網路霸凌。

但父母與老師也許會擔心，當我們做出負面的列舉，是否會讓孩子反而仿效，模仿了

起來，欺負他人？這一點，倒是必須要考量。

因此在執行上得亦步亦趨，仔細地觀察孩子的行為反應，並適時進行修正。

【智障兒】

願時光倒回

——別逾越猥褻的界線

「刷～」健志的動作迅速、俐落，手刀快速從阿星的股溝刷下去。

「你在幹麼?!」阿星氣呼呼地問。

「刷～」健志完全不理會阿星。

「你不要鬧喔！」但不管阿星怎麼警告，健志繼續嘻笑地朝阿星的股溝刷下去。

游泳池裡，同學們打水聲、尖叫聲、喧譁聲，完全遮蓋了阿星的制止聲。周圍沒有人注意或理會健志與阿星兩個人之間的事。體育老師視若無睹，他坐在游泳池邊的長椅上蹺著腳，偶爾哨子嗶嗶吹幾聲。整個游泳池，幾個班一起上課，鬧哄哄

的。

阿星想辦法遠離健志，但他在水中踩踏的速度，遠不及敏捷的健志。健志不時地接近過來，「刷～刷～刷～」玩得不亦樂乎，讓阿星心生畏懼、憤怒與厭煩。如同待宰的羔羊，阿星只能任由健志無情地玩弄。

而這玩弄的次數，已數不盡。

【陪伴孩子走出霸凌的傷】

讓時光倒回

如果時光倒回，我們是否可以預防校園霸凌的發生？

當時間回溯，關鍵點在於霸凌者是否可以做出不同的選擇。善的選擇，惡的選擇，就在那一念之間。

當霸凌者有機會往友善的方向前進，或許後續這一切的霸凌行為就不會發生。

「你在做什麼？」「你的手在做什麼？」「你的手在對阿星做什麼？」「你的手在對阿星的股溝做什麼？」循序漸進地，霸凌者需要覺察自己的舉止，清楚地了解自己到底在做什麼事。

「刷～」然後呢？自己的起心動念到底是什麼，在那一剎那，你聯想到什麼？

一個良善的念頭發生，總是可以遏止這些具有傷害性的行為出現。

試著讓孩子思考這個選擇點，當孩子很細微地了解自己在那一剎那的判斷，終將影響到後續事情的發生時，或許就有機會停止霸凌。

孩子需要讓自己的行為舉止符合社會的規範，一切問心無愧。

目睹後的反應

目睹霸凌者在目睹暴力行為發生之際，選擇居中介入，中斷霸凌行為的發生，或選擇共同加入，成為另一個霸凌者，又或選擇事不關己而迴避。

這將決定霸凌事件是否繼續惡化下去，或是有機會中斷霸凌。

社區巡邏小隊

在班上採取小隊的方式。在這個小隊中，三、四個人一組，形成生命共同體，維護班上的治安，就如同社區巡邏小隊一樣。

面對教室裡霸凌行為的出現，得要義不容辭地積極介入。對於目睹霸凌的孩子來說，當採取小隊的方式，壯了膽，以及有任務在身，成功預防霸凌事件的機率會比較高。

我非常懇切希望，班級老師可以努力嘗試看看。

你會發現一場霸凌事件的發生，就在每一個瞬間，由霸凌者以及目睹霸凌者當下的決定所決定。

雖然容易忘記，還是要背下來！

平時教導智能障礙孩子，當他面對同學的欺負時，試著練習說出（背下）這些話：

- 你們比我聰明，應該更有能力保護我。
- 欺負我，並不會讓人家覺得你們更厲害。

- 弱小是需要被保護的，不是拿來被欺負的。
- 如果我是你弟弟，你還會欺負我嗎？
- 如果我是你妹妹，你不是應該要保護我嗎？
- 我相信，你能夠保護我。我知道你比我還厲害。

智能障礙孩子比較容易忘，因此上面這些話，得需要不時、刻意、反覆地練習，直到能自動化說出。等下次遇到狀況時，就比較能順利脫口而出（以上的做法較適合輕度智能障礙孩子）。

對於智能障礙孩子來說，雖然口語表達與其他同學相比較，顯得相對笨拙。他們往往說出來的語句較短，詞彙有限，但這不等同於他們沒有感受。

這些孩子可以從對方說話的口吻、表情、肢體動作、眼神、說話的語調、音量、手勢，來判斷對方的友善程度。

或許在掌握上，沒有辦法那麼精準，但是善、惡與否，孩子們依然會有感覺。

我們必須好好思考，為什麼在教室裡的霸凌，老師往往是最後一個才知道？為什麼我們沒有辦法很敏銳地觀察到教室裡同學互動的異樣？

當智能障礙孩子被欺負，我們從他的眼神、嘴角、眉宇之間、肢體動作反應，可以感受到他的不對勁。

不能期待小朋友主動來告訴我們，這絕對不該是我們延遲處理霸凌事件的理由。

雖然老師在處理霸凌事件上，可能也顯得力不從心。因為對於霸凌者的身分、特質、失功能的家庭教育，老師即使發現後，也無法改變。

但我們還是可以試著由我們訓練班上一般同學，讓他們挺身而出，讓霸凌事件不再發生。

可惜的是，有時老師會把責任推卸到被霸凌者身上，而給予責難。當我們認為在那一剎那，特殊生應該選擇大聲地喝斥，選擇跑開，選擇反擊……但為什麼特殊生什麼都沒做？才會讓霸凌行為發生。

這似乎暗示著，都是被霸凌者不懂得如何因應問題，才造成事情的發生，這又形成對被霸凌者的二度傷害，而且是重傷害。

兜不攏的線索

當智能障礙學生被霸凌時，老師總是感到困擾。老師該如何收集關於霸凌事件的來龍去脈，以及到底該聽誰的。

殘酷的是，智能障礙孩子受限於言語表達能力，無法完整陳述事情的前因後果與脈絡。那麼，當下老師該如何來研判？

可以試著透過玩偶的扮演方式，將情境模擬出來。例如孩子很喜歡佩佩豬，這時我們可以把佩佩豬拿出來，透過角色扮演的方式，進一步看看孩子會如何詮釋。

當然，與其期待智能障礙孩子明確地表達出來，不如試著聽聽看目睹霸凌的同學們怎麼說。除非，在那當下，現場沒有別人。

謝絕異樣的眼光

請試試看，讓班上同學兩兩一組，進行不同的搭配。當一般生與智能障礙孩子同一組，他們在校園裡互動、玩遊戲、一起做事情時，一般生是否會感受到別人異樣的眼光？

如果一般生有這種感受或想法，我很想問問看，他們在尷尬什麼，為什麼和智能障礙孩子在同一組，自己就會覺得丟臉？

或許一般生會說：「他就是笨笨的。周圍的人看著都在笑，而且跟智能障礙同學在一起，自己好像也有問題。」

關鍵來了，為什麼同學在智能方面有問題，同學們就想要笑？

有些孩子受限於染色體異常，像唐氏症，有些是在出生時，可能因為臍帶繞頸、吸入胎便、缺氧、產夾傷到腦部或水腦等問題，影響到當事人智能的發展，出現認知落後與障礙。

孩子認知上的不足，並非孩子願意如此。

請關上你的異樣眼光，讓良善陪伴智障兒。

【智障兒】

無聲的控訴

——向性霸凌說不！

上課鐘聲響了，小堅獨自往男生廁所走去。阿炎悄悄窩在最後一間廁所等待，僅留一道縫隙，讓阿炎能看向走廊。

「過來，快過來。」阿炎伸出左手，揮了幾下，小堅笑笑地走了過去。

在狹窄的蹲式廁所中，阿炎與小堅兩個人不知道該如何蹲站，才不會一不小心踩進便坑裡。

「快蹲下來，動作快。」外褲褪至膝蓋的阿炎，一邊跟小堅說，一邊也將自己的內褲

拉下來。

「快一點，動作快一點。」阿炎邊催促，邊將小堅的頭壓了下來。這舉動一時讓小堅噗哧一聲笑出來。

「噓！安靜，別出聲，動作快。」

沒多久，只見阿炎眼睛微張，表情酥麻陶醉，口中不時發出喘氣聲。

「咳咳咳。」小堅吐了一口在地上。「咳咳咳，咳咳咳。」小堅擦了擦嘴角，抬頭望著阿炎，淺淺地笑。

走廊上，另一端的資源班老師深感納悶，為何已經上課了，卻不見小堅與阿炎兩人的蹤影。

【陪伴孩子走出霸凌的傷】

容易受到權勢相對較高的同儕或大人引誘

智能障礙孩子對於性懵懵懂懂，他們很容易受到外界權勢相對較高的同儕或大人引誘，做出逾越界限的舉動，而成為性侵害、性騷擾及性霸凌事件的受害者。

有些始作俑者會刻意針對智能障礙孩子的弱勢認知程度，引誘他們做出性猥褻、性侵害的動作。

關鍵在於這些當事人，會讓智能障礙孩子處在一種舒服、興奮、好奇的狀態，而不覺得自己被利用、被欺負、被侵犯，因而能屢屢得逞。

有些孩子或大人，也會以「這是我們兩人的祕密，得相互遵守。」或「讓我們打勾勾，不能告訴別人喔。」而讓這些受迫（有些當事人或許沒有此感覺）的同學三緘其口。

對於無法明確區辨性霸凌、性猥褻、性侵害的智能障礙孩子來說，他們可能會持續陷入被侵犯的險境，而不自知。

無聲的控訴

原本應該是最值得你信任的人，卻伸出魔掌，將你推進無盡的深淵。

無法想像，也不敢想像，這是多麼殘忍的事情。

曾幾何時，校園應該是最讓孩子感到安全的地方，為何卻成為人間煉獄。

當你目睹了這一切，卻無從說出口。在無聲的世界裡，內心不時掙扎，讓你想要大聲尖叫。

無聲的恐懼，無聲地吶喊。這一切，有誰可以訴說？

有些事，你不去正視，並不等同於這些事，並沒有發生。

來自信任的人的傷害，最是重傷。

我們大人的視若無睹，任由孩子們相互摧殘。無聲的世界，無盡的控訴。

罪過，罪過，誰該來承擔那罪孽?!

《無聲》（The Silent Forest，二〇二〇），是一部令人感到沉重、難過、心疼與心痛的電影。

在沉重的影像之下，請思考，我們可以為這個社會做點什麼。

孩子必須知道的法律條文

- 《中華民國刑法》第224條：

對於男女以強暴、脅迫、恐嚇、催眠術或其他違反其意願之方法，而為猥褻之行為者，處六月以上五年以下有期徒刑。

- 第225條：

對於男女利用其精神、身體障礙、心智缺陷或其他相類之情形，不能或不知抗拒而為性交者，處三年以上十年以下有期徒刑。

對於男女利用其精神、身體障礙、心智缺陷或其他相類之情形，不能或不知抗拒而為猥褻之行為者，處六月以上五年以下有期徒刑。

第一項之未遂犯罰之。

- 第227條：

對於未滿十四歲之男女為性交者，處三年以上十年以下有期徒刑。

對於未滿十四歲之男女為猥褻之行為者，處六月以上五年以下有期徒刑。

對於十四歲以上未滿十六歲之男女為性交者，處七年以下有期徒刑。

對於十四歲以上未滿十六歲之男女為猥褻之行為者，處三年以下有期徒刑。

第一項、第三項之未遂犯罰之。

- 第235條：

散布、播送或販賣猥褻之文字、圖畫、聲音、影像或其他物品，或公然陳列，或以他法供人觀覽、聽聞者，處二年以下有期徒刑、拘役或科或併科九萬元以下罰金。

【資優兒】

真的格格不入嗎？

——資賦優異不該成為被霸凌的原罪！

「志捷，可不可以不要打斷我上課？如果你的問題那麼多，別在這邊問，同學們的程度沒有你那麼好，想問，就回到資優班去問。」老師不耐地說。

「他該收斂一點。」

「對嘛！老愛問一些自晦的問題，是怎樣？踩我們的自尊啊！」

「想問，就去他那什麼資優資源班嘛！」

「噓……噓……」底下同學鼓譟著。

「同學們，安靜上課。」

後座的賢哥用腳踢著椅子，志捷回頭望了一下，賢哥惡狠狠地說：「看三小，幹！」

「同學，安靜！」老師用粉筆敲著桌子。

賢哥眼神銳利且凶狠地瞪著志捷，他的腳繼續踹踢著志捷的椅子。

志捷索性將椅子往前拉，但賢哥伸長腳，繼續踹踢：「下課，你給我注意！」

志捷感到一陣莫名不安。

長廊上，賢哥迎面走來。

「同學，你很跩嗎？資優生成績很厲害嘛，不用看書，就能打趴我們這些魯蛇，是不是？是怎樣，給我們難堪喔？我警告你，可別這麼囂張，給點面子嘛，行不行？」賢哥左手用力拍志捷的肩膀。

「幹！沒有聽見啊！你在教室裡不是很愛發問嗎？回答不是頭頭是道嗎？怎麼現在像隻烏龜一樣縮起來了？噢，對了，下次問問題，問一些我們聽得懂的。記得啊！教室裡可不是只有你一個人啊！幹！放尊重一點。」

賢哥用力巴志捷的後腦勺。志捷痛得掉出淚。

【陪伴孩子走出霸凌的傷】

真的格格不入嗎？

台灣目前高中階段為集中式資優班，國小、國中的資優生，大多數時間都安置在原班上課，僅有部分時間會到資優資源班。

對於求知欲強烈、理解力敏銳，以及善於表達和愛發問的資優生，有時會令班上一般同學感到礙眼、側目。（為何我們無法懂得欣賞？）

「難道我錯了嗎？我只是對老師提出自己的看法與疑問，這樣錯了嗎？」孩子百思不解。

資優生在原班顯得格格不入，這一點，不但一般生這麼認為，連資優生自己也有這種感覺。

資賦優異不該成為被霸凌的原罪！

無論你的感受是嫉妒、不爽、厭惡、反感，但都不等同於你可以對他人動手動腳或言語威脅。

同學們的主觀感受雖然真實，但解讀事情的想法不見得合理，更何況霸凌行為也不被接受。

這是兩碼事。你的想法與感受，不該成為你霸凌行為的藉口或託詞。

別勉強和解

是否把霸凌者與遭受霸凌者安排在一起？這需要非常謹慎。

除非經過一段時間，霸凌者的行為明顯有所改變；同時，遭受霸凌的孩子也願意與霸凌者進行和解，接受對方。

但請特別提醒自己，**千萬不要勉強遭受霸凌的孩子一定得要與霸凌者和解**。

回擊的選項

面對同學們的言語、動作挑釁，孩子該如何回應？

反擊回去嗎？這一點，我並不建議。這麼做，並無法解決眼前的問題，卻很容易給自

己帶來更無法預期的麻煩。

無聲忍受嗎？許多處在被欺負的孩子們，大都選擇這麼做，以將自己遭受欺負的風險降到最低。原本心想忍一忍就過去了，但卻事與願違，反而加深了霸凌者的氣焰，讓對方軟土深掘。

勇於表達自己的想法、感受，很不容易，但卻值得嘗試。例如：「我感到很納悶與不解，為什麼你們要如此對待我？我到底做錯了什麼事？如果你們成熟，那就用成熟的方式來表達。你們可以直接講出來你們心中的不滿。」語氣堅定，口吻簡潔，乾淨俐落。眼神直視著對方，展現出不畏懼。

最後知道的人

我很納悶，為什麼在教室裡的霸凌，往往老師總是要經過一段時間之後才知道。到底是因為沒有人發現？還是我們在教室裡的覺察，並不是那麼敏銳？

在教室裡，如果仔細注意班級中的異樣，多少就可以預防霸凌行為的產生。

別抱怨：「孩子不說，我怎麼會知道？」事實上，對孩子來講，在表達自己所身處的受威脅的環境，孩子的非語言行為，已在在透露出許多的訊息。

也許是表情落寞、肩膀僵硬、眼神迴避、笑容減少，或抗拒到校上課，孩子的情緒行為明顯地出現變化。

尷尬的是，當班上大多數同學都知道特殊生被霸凌，但為什麼老師總是最後才知道？我們很容易把問題歸咎於這些孩子獨特的身心特質，認為就是因為這個緣故，才容易招惹同學，讓同學惡言相向，或動口動手來欺負他們。

我必須再次強調，沒有人有任何義務被霸凌。遭受霸凌者，他們沒有錯，絕不能因此歸咎於他們的身心特質。

一般同學在解決問題上，可以有許多合理以及有效的方式，而霸凌絕對不該是一項選擇。

我很怕遇到一種狀況是，當老師知道之後，只是淡淡地說一句話：「同學，你不要這樣欺負人家。」

這一句話，是老師的消極因應，反映的是，你被霸凌，對老師來說事不關己，也無所謂。

當霸凌行為不被正視，將更加強霸凌行為的再發生。

資優是一種天賦，非無所不能

資賦優異是一種天賦，也是與生俱來的特質。不過，資優並不等於績優，別對成績表現有不合理的期待。

資優生也不等同於什麼都懂、什麼都會。面臨校園裡不友善的人際對待，資優的孩子也苦於不知道該如何解套。

別認為資優孩子凡事都可以自己應付，也別忘了，他們依然只是個孩子。孩子雖然資賦優異，但生命經驗卻依然有限。

請仔細思考這些年來，我們是否將注意力過度聚焦在孩子的課業表現上，而少了關注孩子在生活、人際、感情、興趣、校園適應，以及壓力調適等情況。

別讓孩子孤單一個人。

我們是否知道孩子在班上的人際圈？資優生的心思很細膩，情緒的感受也很敏銳。別人如何對待，這對於孩子來說，他們是能夠強烈感受到的。

資優生絕對不是原罪，不該成為被同學鎖定霸凌的目標。

殘酷的是，霸凌者總是不按牌理出牌，他哪管你是誰，當他想鎖定你，就鎖定，你難逃魔掌。

專注聆聽，不批判

面對孩子遭受霸凌，父母該怎麼辦？

陪伴、支持，成為孩子的堅強後盾，也別急著問原因：「為什麼同學要欺負你、霸凌你？」

這麼問，可是隱藏著話中話，意指一定是你做了什麼事，說了什麼話，否則他們不挑別人，卻找上你。千錯萬錯一定是你的錯。

這些話別說了，說了，只會讓孩子更加感到心傷。

身為父母，難免想知道事情的緣由，以安自己的心。但這之前，**請先接住孩子受傷的心**。

傾聽孩子的訴說，不要打斷他的表達，縱使你心中有許多的疑惑。請先聽孩子說，讓他好好說出心裡的感受。

- 我不知道自己做錯什麼，為什麼他們總是針對我？我只是在課堂上舉手，把我的疑問拋

出來。但是同學們卻說我愛現，故意問一些他們不懂的問題，讓他們很難堪，讓他們覺得自己是笨蛋。

• 我根本沒有那個意思。我哪知道他們懂到哪裡，而且我也不知道他們的程度。況且我是問老師，又不是問他們。

• 老師也很奇怪，一臉不以為然的口吻，說什麼有問題就回資優班問老師。可是我問的是國文課的內容，又不是數學，還說我打斷他上課，叫我別在這邊問。我不問他，我要問誰？

當孩子願意說，請盡情地讓他把話說完，先不要給予評斷或妄下結論，認為孩子應該如何。

如果你覺得孩子的問題可以換個方式問，例如下課時私底下問、以紙條方式問，或上網搜尋。但都請稍安勿躁，請將這些想法留待之後，再和孩子討論。

少年的你：誰會成為下一個被霸凌的人？

在觀看中國電影《少年的你》（Better Days，二〇一九）後，深深覺得校園霸凌這個議題，在社會上的每個角落都層出不窮。然而，這殘酷的殺戮場，卻少見我們大人主動地為這些受害的孩子，付出努力並保護。

當然，對於身處在當中的大人來說，或許也真的是不知道該如何著手，而等事情發生了，才做後續修復的動作。

也因為如此，默默深化了霸凌。在校園裡，霸凌不斷地被複製，不斷地蔓延，一個一個受害的生命、受傷的生命，不斷在發生。

今天可能是你的孩子，明天可能是他的孩子，後天也可能是我的孩子，沒有人知道，自己的孩子什麼時候會成為下一個被霸凌的人。

但我們可以試著努力，讓自己的孩子，不會成為霸凌他人的人。

我一直思考，一個霸凌的孩子，到底是從哪個時間點開始有明顯地轉變。

當然，一個孩子的改變，不會是突然之間。因此，這也挑戰著我們，為人父母、為人老師是否夠細膩，察覺到眼前孩子的不一樣。

教養、教學沒有任何藉口，這是我一直認為的方向。

延伸閱讀：霸凌電影、戲劇嚴選

- 日本動畫電影《電影版聲之形》（映画 聲の形，A Silent Voice，二〇一六）
- 日本電影《青鳥》（The BLue Bird，二〇〇八）
- 韓國電影《女孩青春紀事》（The World of Us，二〇一六）
- 韓國電影《青春勿語》（Han Gong-ju，二〇一三）
- 韓國電影《優雅的謊言》（Thread of Lies，二〇一四）
- 韓國電影《死了一個女高中生之後》（After My Death，二〇一七）
- 台灣電影《共犯》（Partrers in Crime，二〇一四）
- 中國電影《少年的你》（Better Days，二〇一九）
- 墨西哥電影《露西亞離開之後》（After Lucia，二〇一二）
- 日劇《3年A班—從此刻起，大家都是我的人質—》（3年A組—今から皆さんは、人質です—，二〇一九）
- 日劇《我們做了個炸彈》（僕たちがやりました，二〇一七）
- 日劇《翱翔於天際的夜鷹》（宇宙を　けるよだか，二〇一八）

特教研習的使命

長期以來，我在各個校園的特殊教育研習分享中，一直賦予自己一個任務以及使命，那就是**讓一般教室裡的老師們，能夠合理地認識各式各樣不同身心特質的孩子，讓自己與這些孩子產生關聯**。

這些孩子，絕對不單只是資源班、學習教室、輔導室老師的責任而已。畢竟對於絕大多數的特殊孩子來說，他們的安置都是在普通班。當老師對於這些孩子欠缺合理的判斷，就很容易對孩子的行為舉止產生偏見。

曾經有一位亞斯伯格症孩子提到，他希望老師們能夠知道自己是亞斯伯格症，那樣老師就不會將自己的行為，解釋成是他故意調皮搗蛋。

但他又不願意讓同學知道自己是亞斯伯格症，因為很擔心同學會因此欺負他、嘲笑他。

在教室裡，有著許多各式不同身心特質的孩子，無論是自閉症、亞斯伯格症、注意力缺陷過動症、妥瑞症、選擇性緘默症、學習障礙、智能障礙、資賦優異。老師需要花許多心思，了解這些孩子的身心特質。老師很辛苦，然而教育本該有教無類。而當大人願意去了解眼前的孩子時，其實孩子要有所改變，相對來講，也會容易許多。

【新書簽講會】

《好痛，但能跟誰說？——陪伴自閉兒、亞斯兒等特殊孩子走出霸凌的傷》

王意中臨床心理師

台北場

日期：2023/01/14（六）

時間｜下午3點～4點半

地點｜金石堂信義店5樓（台北市大安區信義路二段196號，捷運東門站，鼎泰豐隔壁）

台中場

日期：2023/02/19（日）

時間｜下午2點半～3點半

地點｜誠品園道店3樓（台中市西區公益路68號3樓閱讀書區）

洽詢電話：(02)2749-4988

＊免費入場，座位有限

國家圖書館預行編目資料

好痛，但能跟誰說？：陪伴自閉兒、亞斯兒等特殊孩子走出霸凌的傷／王意中著. ——初版. ——臺北市；寶瓶文化事業股份有限公司, 2023. 01
面； 公分, ——（catcher；108）
ISBN 978-986-406-333-8（平裝）
1. CST:霸凌 2. CST:特殊兒童 3. CST:特殊教育 4. CST:親職教育
541.627 111020513

Catcher 108

好痛，但能跟誰說？——陪伴自閉兒、亞斯兒等特殊孩子走出霸凌的傷

作者／王意中 臨床心理師

發行人／張寶琴
社長兼總編輯／朱亞君
副總編輯／張純玲
資深編輯／丁慧瑋 編輯／林婕伃
美術主編／林慧雯
校對／張純玲・劉素芬・陳佩伶・王意中
營銷部主任／林歆婕 業務專員／林裕翔 企劃專員／李祉萱
財務／莊玉萍
出版者／寶瓶文化事業股份有限公司
地址／台北市110信義區基隆路一段180號8樓
電話／(02) 27494988 傳真／(02) 27495072
郵政劃撥／19446403 寶瓶文化事業股份有限公司
印刷廠／世和印製企業有限公司
總經銷／大和書報圖書股份有限公司 電話／(02) 89902588
地址／新北市新莊區五工五路2號 傳真／(02) 22997900
E-mail／aquarius@udngroup.com

法律顧問／理律法律事務所陳長文律師、蔣大中律師
如有破損或裝訂錯誤，請寄回本公司更換
著作完成日期／二〇二二年十月
初版一刷日期／二〇二三年一月
初版二刷日期／二〇二三年一月四日
ISBN／978-986-406-333-8
定價／三六〇元

愛書人卡

感謝您熱心的為我們填寫，
對您的意見，我們會認真的加以參考，
希望寶瓶文化推出的每一本書，都能得到您的肯定與永遠的支持。

系列：catcher 108　**書名：好痛，但能跟誰說？——陪伴自閉兒、亞斯兒等特殊孩子走出霸凌的傷**

1. 姓名：＿＿＿＿＿＿＿＿＿　性別：□男　□女
2. 生日：＿＿年＿＿月＿＿日
3. 教育程度：□大學以上　□大學　□專科　□高中、高職　□高中職以下
4. 職業：＿＿＿＿＿＿＿
5. 聯絡地址：＿＿＿＿＿＿＿＿＿＿＿＿＿＿＿＿＿＿＿＿

   聯絡電話：＿＿＿＿＿＿＿＿＿　手機：＿＿＿＿＿＿＿＿
6. E-mail信箱：＿＿＿＿＿＿＿＿＿＿＿＿＿＿＿

   □同意　□不同意　免費獲得寶瓶文化叢書訊息
7. 購買日期：＿＿年＿＿月＿＿日
8. 您得知本書的管道：□報紙／雜誌　□電視／電台　□親友介紹　□逛書店　□網路

   □傳單／海報　□廣告　□瓶中書電子報　□其他
9. 您在哪裡買到本書：□書店，店名＿＿＿＿＿＿　□劃撥　□現場活動　□贈書

   □網路購書，網站名稱：＿＿＿＿＿＿＿＿　□其他＿＿＿＿＿＿
10. 對本書的建議：（請填代號　1. 滿意　2. 尚可　3. 再改進，請提供意見）

    內容：＿＿＿＿＿＿＿＿＿＿＿＿＿＿

    封面：＿＿＿＿＿＿＿＿＿＿＿＿＿＿

    編排：＿＿＿＿＿＿＿＿＿＿＿＿＿＿

    其他：＿＿＿＿＿＿＿＿＿＿＿＿＿＿

    綜合意見：＿＿＿＿＿＿＿＿＿＿＿＿＿＿＿＿＿＿＿＿＿＿＿＿＿＿
11. 希望我們未來出版哪一類的書籍：＿＿＿＿＿＿＿＿＿＿＿＿＿＿＿＿

讓文字與書寫的聲音大鳴大放

寶瓶文化事業股份有限公司

（請沿此虛線剪下）

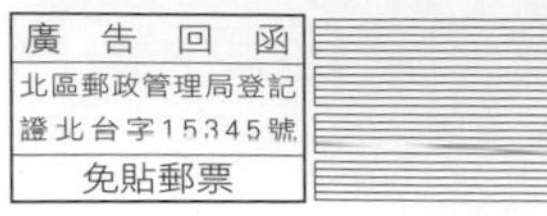

寶瓶文化事業股份有限公司收

110台北市信義區基隆路一段180號8樓

8F,180 KEELUNG RD.,SEC.1,

TAIPEI.(110)TAIWAN R.O.C.

（請沿虛線對折後寄回，或傳真至02-27495072。謝謝）